U0836519

2010 年度教育部人文社科青年基金项目成果（项目编号：10YJC790239）
2012 年江苏高校哲学社会科学重点研究基地重大项目成果（项目编号：2012JDXM001）
江苏高校优势学科建设工程资助项目（PAPD）

地方财政风险识别、预警与规避的内控制度研究

田志刚　著

中国财政经济出版社

图书在版编目（CIP）数据

地方财政风险识别、预警与规避的内控制度研究/田志刚著．—北京：中国财政经济出版社，2013.12

ISBN 978-7-5095-5052-6

Ⅰ.①地…　Ⅱ.①田…　Ⅲ.①地方财政-财政管理-风险管理-研究-中国　Ⅳ.①F812.7

中国版本图书馆 CIP 数据核字（2013）第 319737 号

责任编辑：吕小军　　　　责任校对：李　丽

封面设计：邹海东　　　　版式设计：董生平

中国财政经济出版社 出版

URL：http：//www.cfeph.cn

E-mail：cfeph @ cfeph.cn

（版权所有　翻印必究）

社址：北京市海淀区阜成路甲 28 号　邮政编码：100142

营销中心电话：88190406　北京财经书店电话：64033436　84041336

北京富生印刷厂印刷　各地新华书店经销

787×960 毫米　16 开　12.75 印张　154 000 字

2013 年 12 月第 1 版　2013 年 12 月北京第 1 次印刷

定价：25.00 元

ISBN 978-7-5095-5052-6/F·4095

（图书出现印装问题，本社负责调换）

本社质量投诉电话：010-88190744

反盗版举报热线：88190492　88190446

前 言

通过梳理1994～2010年间财政制度的研究思想及实践，我们对中国财政制度的演进有了一个自己的判断：中国财政制度的理论与实践遵循着科室财政到民生财政再到未来民主财政的演进路径。其中，科室财政是崇尚政府权威的财政制度模式，民生财政是关注国计民生的财政制度模式，而民主财政是我国未来应选择的财政制度模式，它具有丰富的内涵，需要构建多方面的制度与机制予以支撑。在实践中，从科室财政到民生财政再到民主财政是一个较长的演变过程，其中财政制度的研究思想也不断地震荡、碰撞与交融，但理想中的财政制度应该是将社会公正、平等、人道等人类社会治理的基本价值准则集结于一身，通过治道变革适应市场经济运行的需要，同时在整个社会发展过程中实现自身的价值。当前，传统的科室财政逐渐被颠覆，民生财政正被我国财政制度实践，民主财政制度思想正在兴起。在现实中，完成上述目标的基本路径之一就是构建一个完整、透明与有效的财政内部管理体系，这一基本判断契合地方财政制度演进的路径，将有助于推进未来科学的民主财政制度的形成。

在很多人的概念中，制度是约束人的，往往不愿意提及，但我们更相信制度在本质上是给人以自由的，成熟的制度能很好地为人预设定做事的路径，不需要临时起意，从而防范或者减少风险的发生；制度也能防止舞弊的发生，舞弊三角理论在阐述一个道理，机会、压力及自我合理化并存时往往会导致舞弊事件的发生，而制度能压缩机会存在的空间，削除掉舞弊条件最重要的一角，完善的地方财政内控制度能起到上述两种效应。地方财政内控是指为了识别、预警与规避地方财政风险，通过整合财政部门业务模块与梳理业务流程，标示出财政活动中的关键风险点，并制定有效的预警指标体系与内控方案的管理活动。它要保证地方财政部门行为符合国家的法律、法规与政策，压缩个人自由裁量权空间，帮助地方财政部门实现财政战略目标，提高财政资源使用效率，提升地方财政公共服务能力，通过识别、预警与规避地方财政风险，来维护财政资源安全。

“何谓流程，简单地说，就是‘先做什么，接着做什么，最后做什么’，而将制度建立在流程上，才是制度的最高境界”，马明哲生动地表达了内控制度的形式特征，内控就是建立在流程上的制度。地方财政内控制度应包括控制环境、风险识别、风险评估、控制活动、信息与沟通、内部监督、成熟度测评与改进七个框架要素，这七个框架要素就是具有严密逻辑关系的内控流程，它们共同形成合力对地方财政风险进行识别、预警与规避。

诺思将制度分为正式制度与非正式制度两类。正式制度包括政治规则、经济规则和契约。它们是一种等级结构，从宪法到成文法与普通法，再到明确的细则，最后到个别契约，他们共同约束着人们的行为。而非正式制度是对正式制度的扩展、细化和限制，主要包括：价值信念、伦理规范、道德观念、风俗习惯、意识形态等。我们认为，中国正处于正式制度与非正式制度激烈碰撞的时代，民众必然会经历理想与现实、善与恶、约束与随波逐流对心灵的烤问。几千年来，中国的非正式制度一直绑架着正式制度，中国人一直推崇“水至清则无鱼，人至察则无徒”的中庸之道的理念，多少人曾经想改变这一文化架构，但都效果不佳，这是因为这一价值判断是中国人几千年来根深蒂固的文化特质。尽管如此，民众仍非常渴望建立一个正式制度占主流的管理体系。地方财政内控制度本身就是这样的正式制度安排，同时，它又受到社会的价值信念、伦理规范、道德观念、风俗习惯、意识形态等非正式制度的影响，地方财政内控制度中蕴含着规则、纪律、批判、认同等价值判断元素，核心动力是对人的理念与团队精神的尊重。

本书在写作过程中，借鉴了很多企业领域、非企业领域以及实践部门内控制度的研究成果，江苏省财政厅、南京市六合区财政局等很多实践部门的实践成果及管理者的建议让我受益匪浅；本书也融合了很多学者的观点，南京财经大学会计学院的朱海涛副教授就是其中的一位，这一切促成了国内第一部系统阐述地方财政风险内控制度著作的产生。肯定地讲，本领域的研究尚处初始阶段，更主要的是由于水平有限，本书无论是论证的内容、研究的方法及深度，一定存在很多的不足，盼望各界能给予批评指正，对此表达最真挚的谢意。

田志刚

2013 年 11 月 12 日于南京仙林

目　录

第 1 章 导　　论

1.1 研究的背景与意义

中国的财政制度遵循从“科室财政”、“民生财政”到“民主财政”的演进路径。“科室财政”是崇尚政府权威的财政制度模式，在这一模式中，财政制度是以高端政府为主导的模式，往往强调的是上级政府对资源的掌握及宏观调控中的绝对地位，下级政府在很大程度上被视为上级政府的代理人，财政决策的实现过程也是建立在科室内部的协商、妥协、达成一致的基础上的，对民意的关注度较低，在满足民众偏好方面存在着较大的偏差。“科室财政”具备降低制度的变迁成本、克服制度供给不足等方面的优势，但是，这种有着浓厚官僚气味的财政制度模式以及产生的缺乏灵活性的公共品及服务供给机制，无法适应商品品种繁多的市场经济社会和公共需求快速变化的挑战，特别在对民众偏好的关注度方面存在弱点。

“民生财政”是关注民生的财政制度模式，它由塑造政府间利益分配格局转为更多地关注民生问题，更多地以公共品的有效供给为逻辑起点，强调公共品供给的质与量，关注公共品的供给对经济发展以及民众偏好的满足程度，并通过财政资源的有效配置实现公共服务均等化目标，实现对民众偏好的满足。在这一制度模式中，尽管政府对财政资源的使用拥有绝对的主导权，但政府对财政制度改革与运行的理念发生了很大变化，对民意的关注度较高，把满足民众的需求作为财政制度运行的基本出发点；财政资源更多地投向了基础设施建设、居民的消费、教育文化、医疗卫生、社会保障、环境保护、就业支出、食品安全、公平分配、保障性住房等公共需求与弱势群体需求领域。“民生财政”蕴藏着对“人性”、“公平”与“公理”的渴望与追求，遵循着公共财政的本质精神。在这一阶段，“民生财政”思想不但确定了全新的财政制度运行目标、路径与模式，而且对人们的伦理观念、价值判断体系都产生了较大的影响，这些都可为塑造更加科学、合理的财政制度奠定良好的基础。

“民主财政”是我国未来财政制度的选择模式，它的核心要义是在财政体系中民众掌握财政资源的话语权，民众可以利用民主投票的方法来确定公共收支规模和类型，并对公共财政活动进行民主监督和民主管理。正如詹姆斯·M. 布坎南在著作《民主财政论》中提到的那样：建立财政选择理论，重要的假定是，个人的确通过参与政治过程进行财政选择。[①] 学者们也都力图阐述一个道理：一项制度只有民众的参与才具有真正的价值，对于一国的财政制度同样如此。

当前，传统的科室财政逐渐被颠覆，民生问题正被我国财政制度所实践，民主财政制度的思想正在兴起，从科室财政到民生财政再到民主财政是一个较长的演变过程，演进中的财政制度应该将社会公正、平等、人道等价值准则集结于一身，通

① 詹姆斯·M. 布坎南：《民主财政论》，商务印书馆出版 1993 年版。

过治道变革适应市场经济运行的需要，进而实现自身的价值。搭建未来民主财政制度的基本框架应重点研究以下几个方面的主题：对民众偏好表露机制的研究，对民主财政框架中各层级政府间财政关系的研究，以及对官员遵从民主财政制度的激励机制研究。而其中的对官员遵从民主财政制度的激励机制研究中，包括对官员遵从民主财政制度的正式制度的研究。民主财政制度本身有着丰富的内涵，它具有极大的包容性，不崇尚对民众的“单边”激励机制，对官员遵从民主财政制度的激励机制也会给予同样程度的关注。而这种激励机制的建立需要对当前的政绩考核方式、官员任免制度以及民众与官员的关系作出重新梳理，给出新的正式制度框架，提高官员对民主财政制度的遵从度。[①] 而在上述一系列研究中，建立健全地方财政内部管理制度是最重要的研究课题之一。

就地方财政制度而言，近些年主要有两个研究命题：

1.1.1　完善中央与地方财政关系的制度路径与策略

本书认为，这个问题的解决是健全地方财政制度的基础与前提。首先，应对分税制框架下中央与地方财政关系的特征及内生的制度需求作出分析。长时间以来，我国在处理中央与地方财政关系过程中体现出两个鲜明特征：政绩考核为推行手段的“集权下的放权”模式，以及中央政府优先的原则，需要对上述两个特征作出解读；其次，树立正确处理中央与地方财政关系应遵循的核心理念，包括要建立以民众偏好为核心的财政制度，财政制度框架的设计与选择要融入民众意愿；还有中央要赋予地方政府提供公共品的优先权。中央在进行制度安排时，政府间财政决策的传导机制应是自下而上的，要优先考虑基层财政的偏好，并使地方政府具有较强财政能力作为保障；

① 田志刚、廖强：“我国财政制度研究的思想脉络、演进及选择：1994—2010”，《当代经济研究》2011年12期。

最后，中央要保持地方财政运行的自主权，上级政府对下级政府的财政行为不能随意控制。①

1.1.2 建立健全省以下地方财政制度体系

一个成熟的地方财政制度主要由三大框架给予支撑：合理的地方财政收入体系、科学的地方财政支出体系以及完善的地方财政管理系统。三者互为条件，彼此支撑。就地方财政管理系统而言，理论界更倾向于外部管理模式的研究，对内部管理模式研究成果不多，特别是对地方财政内控制度的研究，一直没有得到应有的重视，给地方财政管理实践留下了理论缺口。

当前，由于市场经济中地方财政职能范围的不断扩展，财政机会主义行为的推波助澜，我国地方财政风险日益显性化，主要表现为地方财政的债务风险加大、财政资金流失加剧、非科学化财政决策增多以及财政腐败案件频发等多个方面，那么，遵循上述财政制度变迁过程中的理念，又结合所阐述的地方财政现状，建立能识别、预警与规避地方财政风险、保证财政资金安全性、追求财政决策科学性的地方财政内控制度，就成为推进地方财政内部管理体系改革的切入点，主要理由是：地方财政内控制度契合地方财政的实际状况，能较好地解决地方财政当前存在的焦点问题；地方财政内控制度是契合民生与民主财政的理念，能较好地发挥长效的制度效应。

内控制度的法规政策发布情况是，我国有关部门相继出台了若干涉及各领域的内部控制文件。1996 年 12 月，财政部发布了《独立审计准则第 9 号——内部控制和审计风险》；1997 年 5 月，中国人民银行发布了《加强金融机构内部控制的指导原则》；2000 年 11 月，证监会发布了《公开发行证券公司信息披露编报规则》；2001 年 1 月，证监会发布了《证券公司

① 田志刚、伍禄金："完善中央与地方财政关系的制度路径与策略"，《税务研究》2013 年第 7 期。

内部控制指引》；2001年6月，财政部发布了《内部会计控制——基本规范（试行）》和《内部会计控制规范——货币资金（试行）》，明确了单位建立和完善内部会计控制体系的基本框架和要求，以及货币资金内部控制的要求；2002年2月，中国注册会计师协会发布了《内部控制审核指导意见》；2002年12月，财政部又发布了《内部会计控制规范——采购与付款（试行）》和《内部会计控制规范——销售与收款（试行）》，随后又相继发布《内部会计控制规范——担保（征求意见稿）》、《内部会计控制规范——成本费用（征求意见稿）》。2003年10月，财政部发布了《内部会计控制规范——工程项目（试行）》，主张各单位应当建立适合本单位业务特点和管理要求的工程项目内部管理制度，并组织实施。

2008年6月28日，由财政部、证监会、审计署、银监会、保监会联合制定并发布了《企业内部控制基本规范》，2010年4月26日，财政部、证监会、审计署、银监会、保监会联合发布了《企业内部控制配套指引》，该配套指引连同《企业内部控制基本规范》的发布，标志着以防范风险和控制舞弊为中心、以控制标准和评价标准为主体，结构合理、层次分明、衔接有序、方法科学、体系完备的企业内部控制规范体系基本建成。

在非企业内部控制制度的构建方面，2012年11月29日，财政部制定并发布了《行政事业单位内部控制规范（试行）》（财会［2012］21号），标志着内部控制制度的构建向非企业延伸。

从地方财政管理的角度看，政府颁布的各项有关内部控制的法规对建立健全地方财政内控制度有着重要的指导意义，阐明了建立制度的基本方法、原则以及意义，更重要的是提供了良好的制度构建环境。但地方财政管理的内部控制实践，还不能达到市场经济对财政管理体制提出的要求，通过实地调研发现，尽管一些为数不多的财政部门建立了内部控制制度，却存在许多问题：

①地方财政部门内部控制意识不强。地方财政部门对内部控制框架缺乏基本的了解，将内部控制简单地等同于财务控制，不能将其视为是对财政风险全面识别、预警与规避的管理系统。

②对地方财政内控制度的目标、原则及活动没有清晰化的论证。各级财政部门内部控制制度主要是以 1992 年美国 COSO 委员会在《内部控制——整合框架》（IC—IF）中发布的企业内部控制的五要素模板进行构建，没有完整地阐述地方财政内控制度自身的目标、原则与内控活动的独特性，忽视了企业管理模式与财政管理模式的本质差异。

③财政内部控制管理制度的主线不明确。各地方财政部门内部控制制度设计多种多样，以粗线条的财政管理规章、条例充当财政内部控制制度的做法成为常态，实践价值较低，甚至流于形式。

④财政内部控制管理制度效能性不强。各地方财政内部控制的设计过程中只注重对财政部门业务流程的描述，而忽视对财政业务流程关键风险点的识别与寻求，对财政业务风险点的预警机制与控制措施的构建上也停留在依靠“人员”及“条例”约束的传统管理模式上。

存在上述问题的主要原因是一些财政部门建立起来的内部控制制度的动因是行政命令，尚缺乏适用的地方财政内部控制理论的支撑。据此，本书将尝试解决地方财政部门建立内部控制制度缺乏基本依据的难题，为防范地方财政风险，提升地方财政公共服务能力及信用水平提供参考。具体而言：

①为地方财政提供统一的内部控制模块。在实践中，各地区财政部门的科室设置、业务模块及管理流程的相似度很高。一般而言，地方财政的制度模块可以大致分为：行政管理模块、预算制度模块、资金管理模块、资产管理模块等。那么，在考虑到每个财政部门实际情况的前提下，一套成熟

的财政内部控制制度可以推广到更多的财政部门进行实践应用。

②防范财政风险对地方财政稳固与平衡的影响与冲击。理由是：研究为地方财政部门构建财政风险发生率比较低的财政管理环境提供理论支持；研究将准确定位地方财政业务流程中存在的风险点，并构建有针对性的预警指标体系，同时对财政风险点进行化解及控制，从而降低财政运行各个环节的经济风险、技术风险及管理风险发生的概率，维持地方财政的稳固与平衡。

③提升地方政府的公共服务能力与公信力。理由是：研究的内部控制制度可以整合财政业务模块、制度化财政业务流程，从而压缩个人自由裁量权存在的空间，减少人为因素对财政决策的干扰；对地方财政内控制度中的信息循环反馈及不断修正机制的设计，将会使各级财政部门的公共财政绩效评价体系不断得以完善，提升地方政府公共财政职能的公信力。

1.2 研究的目标与内容

本书将重点关注地方财政部门的公共责任，深入剖析财政管理自身的规律，建立与之相适应的财政内部控制基本规范；梳理各层级财政部门的业务流程，确定地方财政内部控制的主线与模块，寻找到财政管理与内部控制的最佳融合点；运用技术手段对内控模块的风险点进行识别、定位及评估，并建立科学的地方财政风险的控制活动体系，以及寻找到规避地方财政风险发生的内控方措施；构建地方财政内控制度的信息反馈、评价、修正机制，使设计的内控制度处于良性循环之中，共同成为地方财政管理制度的重要组成部分。

本书的具体研究内容，可以概括为以下几个方面：

①对地方财政管理风险诱因及内部控制制度现状进行分析。第一，重新评估财政管理风险种类、成因及负效应；第二，对我国地方财政内控制度现状、问题及成因进行全面剖析，为进一步的理论分析提供实践方面的借鉴与完善依据；第三，阐述地方财政内控制度目标、原则、假设和框架。

②分析地方财政内控制度的内控环境。第一，阐述地方财政内控制度要素内控环境的基本内容；第二，论证地方财政管理内部责任分配与授权应遵循的原则；第三，阐述内部控制评估以及人力资源管理应遵循的理念；第四，对地方财政部门的组织结构控制、管理人员的控制、内部职务分离的控制、内部授权批准的控制、遵照执行度控制进行设计与论证。

③对地方财政内控框架中的风险识别模块进行设计。阐述地方财政风险识别的原则，对地方财政风险识别的基本框架进行设计，并对其内控风险识别框架组成要素作出具体诠释，进而对地方财政风险识别的具体路径进行描述。

④对地方财政内控框架中的风险评估模块进行设计。对地方财政风险评估的基本框架进行设计，并对其内控风险评估框架组成要素作出具体诠释，进而对地方财政风险评估实现的路径与方法进行描述，最后对地方财政风险评估结果的应对策略进行阐述。

⑤确定地方财政内部控制模块及相应的业务流程。本书将在获取实践部门业务流程及相关财政指标的资料与数据的前提下：第一，描述省级、市级及县级财政的基本业务模块；第二，筛选出需进行财政风险识别、预警及规避的基本业务模块及相应的业务流程。

⑥对财政内控模块的业务流程中存在的关键风险点进行辨

识与内控活动设计。本书将在与财政部门充分交流信息的情况下：第一，辨识地方财政内部控制模块业务流程中的关键风险点；第二，详细阐述地方财政内部控制中预算管理、资金管理、资产管理、财务会计管理、政府采购管理、基建项目管理、财政制度管理、内部行政管理、债务管理九大业务及流程上的关键风险点的控制活动。

⑦对地方财政内控框架中的信息与沟通模块进行论述。论证地方财政部门信息与沟通主要内容，论述信息控制模块的业务节点、信息控制的具体程序，分析沟通控制模块的业务节点、沟通控制的具体程序，设计反舞弊控制的业务节点。

⑧对地方财政内控框架中的内部监督模块进行论述。论述地方财政部门内部监督的原则、方式及路径，对控制环境、风险识别、风险评估、控制活动、信息与沟通五大模块内部监督要点给予清晰标示，以及内部控制执行程度的评级路径等。

⑨构建地方财政内控能力成熟度等级的测评体系。具体对ICM－LF模型进行初步解释，详细对ICM－LF模型中成熟度等级特征进行描述，对ICM－LF模型中关键风险控制域及目标设计、基于ICM－LF模型的测评与成熟度改进机制，以及基于ICM－LF模型的测评过程与内控能力成熟度等级提升路径进行设计。

1.3 研究的思路与方法

①通过实地调研、问卷调研等方式获取部分省级、市级及县级财政部门的基本业务模块及流程的资料，采用频数分析

法、标杆比较法以及集中趋势法对这些业务模块及流程进行比较分析，筛选关键的业务模块及流程，并在此基础上选择地方财政内部控制模块。

②拟选择多个省级、市级及县级的财政部门进行实地调研，通过工作访谈、分部门讨论等方式，在验证地方财政内部控制模块科学性的同时，获取实践部门对业务流程关键风险点认知的第一手资料。

③结合实践部门对关键风险点的认知信息，采取专家咨询、情景分析及统计推论等方法对财政内部控制模块存在的关键风险点进行再次识别。

④以矩阵的方式细化关键风险点产生的诱导因素，论证风险诱导因素之间的关系；构建地方财政风险预警指标体系，并制定对财政关键风险点控制的具体方案，最终确定相对最佳的预警指标体系与内控措施。

⑤引入管理学的 CMM 思想到地方财政内部控制评价体系中，构造地方财政内部控制能力成熟度模型：IC - CMM 模型（Internal Control Capability Maturity Model），实现对地方财政内部控制实施过程和实施结果的双重评价，并根据评价结果及环境变化进行内部控制制度的修正。

⑥将本书设计的内部控制管理制度，反馈给相关的财政部门模拟实践运行，并分阶段汇总模拟实践效果，使本书的研究不断得以完善，最终成为有一定理论意义及实践价值的研究成果。

1.4 研究创新与不足之处

在借鉴有关理论研究成果的基础上，本书的创新之处体现在以下几个方面：

①在研究过程中，把财政管理的特征、目标及责任的公共性标准作为研究的逻辑起点，在整个地方财政内控制度构建过程中，将扩充一般意义上的“经济性”、“效率性”及“效果性”的标准体系，融入“公平性”、“回应性”等价值元素，对地方财政稳固与平衡、财政风险以及财政管理内部控制制度的内涵作出新的界定，具体论证了地方财政内控制度的目标、原则及假设。

②对地方财政内控制度的框架进行了构建，认为地方财政内控制度主要由控制环境、风险识别、风险评估、控制活动、信息与沟通、内部监督、成熟度测评与改进七大框架要素组成，并对地方财政内控制度框架的组成元素内容进行了详细阐述；但研究成果不是对一般性制度框架的描述，它是具有严密逻辑关系的管理系统，强调的是对财政风险点的准确定位、识别及评估，对财政风险点的有效控制，是一种完整的制度设计。

③对地方财政内控制度中的核心元素——控制活动进行具体且详细地阐述。本书非常注重所设计的地方财政内部控制管理制度的实用性与可操作性，在筛选地方财政内部控制模块、辨析财政业务关键风险点以及制定内部控制措施等各研究环节，将始终与实践部门保持信息交流，从而保证研究成果转化为实践应用的可能性。

④在建立地方财政风险内控制度的再评价体系时，本书首次引进成熟度概念，创新性地对地方财政风险内部控制成熟度等级进行合理划分、对关键风险控制域（KRCA）、关键风险控制域（KRCA）所属的一般目标与特定目标进行了科学界定。给出了完整的地方财政风险内控能力的考评框架。

当然，由于受自身理论水平、研究视野、实践经验等条件的限制，本书的研究方法还有待完善，计量分析缺乏，研究内容也有待深化，地方财政内部控制框架构建、框架元素以及内控模块与业务节点的选取，内部控制活动具体方案的设计都需要不断地深入研究，这也成为以后研究不断努力的动力和方向。

第 2 章 国内外研究文献综述

2.1 国外研究文献综述

内部控制的源流是以企业或公司为管理对象而发展起来的一种技术性与实践性的管理制度，是内部牵制与现代管理科学相结合的产物。其中，内部牵制是指提供有效的组织和经营，并防止错误和其他非法业务发生而制订的业务流程，其主要特点是以任何个人或部门不能单独控制任何一项或一部分业务权利的方式进行组织上的责任分工，每项业务通过正常发挥其他个人或部门的功能进行交叉检查或交叉控制；而现代管理科学综合运用各领域的管理知识，以效率与安全为主要目标日益发展起来的一门科学，两者在结合过程中产生了现代内控制度的理念和内容。

从内控制度的源流来看，内控制度的内涵与其理论演进是以公司财务、会计管理为主线进行的。以企业内控制度为载体进行分析，内部控制制度经历了由单纯的控制实务方法，发展到融合各种理论，诸如会计理论、管理理论、系统论、信息论、控制论等为一体的比较完整的理论体系，从单一的、封闭的会计控制行为发展成为全面的、关注外部影响的全局控制活动。在这一过程中，内部控制制度经过了内部牵制、内部会计控制、内部管理控制、内部控制结构和内部控制要素的发展演变。

1949 年，美国会计师协会审计程序委员会（Committee on Auditing Procedure of the American Institute of Accountants）在《内部控制、协调制度要素与其对管理当局和注册会计师的重要性》报告中，首次对内部控制作出了权威性的定义："内部控制是用于保护企业的财产，检查会计信息的准确性，提高经营效率，推动企业执行既定的管理政策的所有相互协调的方法和措施。"

1972 年，美国审计准则委员会在《审计准则公告第 1 号》中对内部控制内涵进行了界定："会计控制由组织计划以及保护资产和保证财务资料可靠性有关程序和记录构成；管理控制包括不限于组织计划以及与管理部门授权办理经济业务的决策过程有关的程序及其记录。"

1988 年，美国注册会计师协会发布了《审计准则公告第 55 号》。公告首次以"内部控制结构"一词取代原来的"内部控制"一词，认为内部控制结构包括三个因素：控制环境——指对建立、加强或削弱特定政策和程序效率发生影响和各种因素；会计系统——规定各项经济业务的确认、归集、分类、分析、登记和编报方法；控制程序——管理当局所制定的用以保证达到一定目的的方针和程序。这一公告的发布，标志着内控环境正式进入了学者们的研究视野，并把管理控制与会计控制非常紧密地联系了起来。

国外学者的研究成果中，对当前财政管理内部控制研究影响最深的，当属 1992 年的美国"反对虚假财务报告委员会"（National Commission on Fraudulent Reporting）所属的内部控制专门研究委员会发起机构委员会（Committee of Sponsoring

Organizations of the Treadway Commission，简称 COSO 委员会）所阐述的理论——《内部控制——整体框架》。COSO 委员会将内部控制的主要内容概括为五个部分：一是控制环境；二是风险评价；三是信息与沟通；四是控制活动；五是监督。其中，控制环境，由反映最高管理当局、董事和企业所有者对控制的全面态度和各种行为的政策和程序组成；风险评价，这是对按照公认会计原则编制的财务报表的识别和分析；信息与沟通，企业在其经营过程中，需按某种形式辨别并取得确切的信息，经过沟通，使员工能够履行其责任；控制活动，是指为实现财务报告的目标而建立的各种政策和程序，如职务的恰当分离、适当的审批手续、充分的凭证和记录、资产和记录的实物控制、业绩的独立检查等；监督，监督是由适当的人员、在适当的情况下，评估控制的设计和运作的过程。

2004 年，COSO 委员会在《内部控制——整体框架》报告的基础上，结合《萨班斯—奥克斯利法案》推出了《企业风险管理——整体框架》（Enterprise Risk Management——Integrated Framework，简称 ERM 框架）。ERM 框架增加了一类控制目标——战略目标，并扩大了报告目标的范畴；突出了控制的重点——企业风险，并且针对风险管理提出了“风险组合观”以及“风险偏好”和“风险容忍度”的概念；在五个要素基础上增加了三个风险管理要素：目标设定、事项识别和风险应对；对董事会、管理者等各层人员所承担的职责，以及控制的重点、范围、方法、评价标准等进行了详细的表述，使理论具有可操作性。由于 ERM 框架研究的出发点和公司治理目标一致，着眼点与企业内部控制实务一致，走出了长期以来内部控制理论与实践的不协调，成为今后指导企业内部控制和公司治理的理论基础，而这一基本理论框架同时成了当前财政内部控制管理制度研究的基本范式。

对政府内部控制制度的研究，国外比较权威的应该属于最高审计机关国际组织。[①] 1992 年，最高审计机关国际组织首次发布的《内部控制准则指南》确认了政府部门内部控制责任主体是政府部门管理层和最高审计机关，并相应提出：内部控制是政府管理部门为合理保证实现政府部门目标而采取的态度、方法、程序和措施。政府部门目标是：促进有序、经济地运作，提高运作效率，达到预期效果；保证提供的公共产品和服务质量；维护资源安全，防止因浪费、滥用、不当管理、差错、舞弊引起的资源损失和违规行为；遵守法律、法规和管理指示；建立财务和管理数据，并维护财务和管理数据的可靠性，及时报告并合理披露财务和管理数据。

1996 年，最高审计机关国际组织在《内部控制效果报告指南》中指出：最高审计机关测评内部控制是财务审计和绩效审计不可缺少的组成部分。随着国家审计实践的发展，反腐要求的高涨，信息技术的进一步发展，最高审计机关国际组织，不仅在 2001 年提出内部控制是政府责任的基础，而且历经 4 年更新了 1992 年发布的《内部控制准则指南》。更新后的准则指南是 2004 年第十八届最高审计机关国际会议讨论通过的《公共部门内部控制准则指南》，各成员国审计机关对该准则指南提出的内部控制概念达成共识。

2004 年，最高审计机关国际组织在总结各成员国经验的基础上修改形成的《公共部门内部控制准则指南》中指出：公共部门内部控制是公共部门管理层和员工为合理保证单位履行使命、实现总体目标而应对风险的过程。公共部门实现的总体目标包括：有序、道德和经济地运作；提高运作效率，达到预期效果；履行职责，遵守适用的法律、法规；维护资源安

① 最高审计机关国际组织（INTOSAI)）是由世界各国最高一级国家审计机关所组成的国际性组织。创立于 1953 年，1968 年在东京召开的第六次会议上，通过了该组织的章程，正式宣布成立最高审计机关国际组织，受联合国经社理事会领导。该组织总部设在维也纳，由奥地利审计法院负责日常工作，该组织的会费由各成员国按联合国缴纳会费的比例分摊。目前该组织有成员 186 个。我国于 1982 年加入该组织。

全，防止损失、滥用和毁坏。进而确认政府部门内部控制责任主体范围包括管理层，内部审计机构和全体员工以及政府部门外部组织的最高审计机关、民间组织、立法机关、司法机关和其他组织。同时，明确了各主体的内部控制责任，管理人员对本单位内部控制工作承担全部的和直接的责任，包括内部控制系统设置、执行、检查、保持及其文件制定；内部审计人员通过测试单位内部控制，提出内部控制改进建议，检查并提供内部控制系统持续运作的效果；全体员工在执行单位内部控制中承担直接或间接的责任，报告内部控制执行中存在的问题，不遵守管理指示情况和违反内部控制政策问题；最高审计机关在财务审计、合法性审计和绩效审计中，通过测评内部控制，证实政府部门内部控制执行效果，向政府部门利害关系人沟通内部控制测评发现的问题及其改进建议，促进政府机构执行内部控制；在政府机构须经过民间审计的某些国家，民间审计人员及其组织对政府部门内部控制进行公示并提出改进建议；立法和司法机关确定政府部门内部控制的定义和目标，针对内外关系人在政府部门内部控制中的任务和责任制定相应的内部控制政策；其他组织（受益方单位，服务、产品提供方单位等）为政府部门实现部门目标提供相关的信息。

在这一期间，2002 年，最高审计机关国际组织发布了纲要性文件《内部控制：政府责任的基础》，但 2004 年修改后的《公共部门内部控制准则指南》并没有体现“内部控制是政府责任的基础”的观念。为此，最高审计机关国际组织将“内部控制与政府责任关系”列为 2005 ~ 2007 年的主要研究问题，重新评价“内部控制：政府责任的基础”的观念，据以扩充《公共部门内部控制准则指南》中有关内部控制责任、任务和内容等。另外，在研究过程中，最高审计机关国际组织吸收了《企业风险管理框架》的风险管理理论，并结合公共部门管理特点，在 2004 年的《公共部门内部控制准则指南》中增加了“风险评估”内容，说明了风险管理与内部控制的关系，规定了公共部门如何开展风险评估，但没有解决风险管理与内部控制在操作层面上的关联问题；因此，在2006～2008年，最高审计机关国际组织将深入研究公共部门各业务系统风险管理与内部控制的关系及风险评估的具体运用，据以细化《公共部门内部控制准则指南》有关风险管理和内部控制活动。

为保证研究工作的针对性和研究成果转化的可行性，最高审计机关国际组织成立了《公共部门内部控制准则指南》研究小组，研究小组根据最高审计机关第十八届国际大会和《最高审计机关国际组织2005～2007年工作计划》，先后草拟了问题研究纲要讨论稿，以发放“调查表”和召开研讨会等方式，对研究的问题开展大量的调查，而且不断地讨论并深化各阶段形成的研究成果。2006年1月，研究小组在比利时举行了问题研究纲要讨论会，根据问题调查和研究纲要讨论结果分别提出“关于补充《公共部门内部控制准则指南》的建议”和“关于细化《公共部门内部控制准则指南》的建议”。2006年、2007年该研究小组分别召开了会议，进一步确定《公共部门内部控制准则指南》补充的内容和细化的内容及细化方式，分别形成相应文件讨论稿：《公共部门内部控制准则指南》补充内容；《公共部门内部控制准则指南》细化内容及方式，以提交最高审计机关国际组织内部控制准则委员会讨论同意、最高审计机关第十九届国际大会讨论通过。2008年，研究小组将根据第十九届国际大会讨论通过的准则指南补充内容、细化内容和细化方式文件，补充、细化《公共部门内部控制准则指南》。这一系列的研究成果都为地方财政内控制度理论体系的构建提供重要的借鉴。

2.2

国内研究文献综述

国内对内部控制理论研究起步较晚，直至 20 世纪 80 年代，学术界才开始了对这一领域的探索。国内对内部控制制度的研究主要是建立在借鉴国外理论研究基础上的后续研究，研究领域也主要集中在对企业内部控制制度的研究，专门针对财政领域内部控制制度的研究凤毛麟角。国内学者认为，内部控制经历了一个不断发展、完善的历史进程，推动其发展的因素主要来自组织的演进和环境（政治、经济、社会、技术）的变化。内部控制的演进主要表现为控制目标、控制对象和控制手段的变化。方红星（2007）就认为：内部控制的演进不仅仅是概念的翻新，完全可以从“自发性的内部控制”到“自觉性内部控制”再到“他律性内部控制”的控制属性演变；从“零散的内部控制”到“专项的内部控制”再到“系统的内部控制”最后到“综合的内部控制”的控制对象的拓展；从“原始的内部控制”到“现代手段辅助的内部控制”的控制手段的进步等很多线索去探求内部控制的演进轨迹。

国内学者针对地方财政内控制度的研究，主要成果有：对地方财政内部控制基本要素的研究。董仕军（2003）论证了从政府干预到财政部门内部控制机制的逻辑原理，以及建立财政部门内控机制的改革路径。聂万旗、顾燕等人（2005）所写的《财政部门内部控制与内部审计制》一文专门针对财政管理内部控制问题作出了探讨，探讨内容主要包括：财政部门内部控制与内部审计制度概述，财政部门内部控制与内部审计工作状况以及构建财政部门内部控制与内部审计制度的设想。

澳大利亚新南威尔士财政部的经济学家 Peter Bannister、中国专家赖启忠、陈璇组成的项目组（2005）以“财政部门内部控制与内部监督”为课题进行了专项研究，对强化财政预算、加强财政资金监管等问题提出具体建议；王关义、谢巍（2007）《论统一财政支付体制下的内部控制制度》一文也专门针对财政管理内部控制问题作出了探讨，探讨内容主要包括：内部控制制度的理论回顾、内部控制环境及存在问题；加强财政内部控制的措施。王成（2007）以梳理文献的方式对政府内部控制的责任、主体、范围、环节及测评的趋势作出了分析。杨体军（2007）的博士论文运用多种计量经济学和财政支出监督进行了实证研究，为确定财政内部控制环节及措施提供借鉴。安西旺（2009）对财政内部控制的分类、原则及系统性进行了探讨。田志刚（2009、2010、2011、2013）对地方财政内部控制的总体目标、构建原则、基本框架、风险识别与风险评估的路径与方法、内控制度成熟度测评等多项内容进行了解析及论证，对地方财政预算环节、地方财政支出环节的内部控制措施也进行了比较详细系统的论述。在实践运用方面，江苏省财政厅（2009）编写的《内部控制制度（试行）》一书，以及楚琢玉等人（2010）编著的《区县财政内部控制操作手册——南京市六合区财政局内部控制制度实例》一书是较为具体的内控制度实战设计。

2.3 国内外研究评价及趋势

从国内外研究现状来看，学者对财政内部控制制度的相关问题做了初步的论述，具体内容涉及财政内部控制制度的内涵、建立的必要性、制度的环境及框架等，这为后续的学术研究奠定了基础。但针对地方财政内控制度的研究成果还很薄弱，应该投入更多的精力对此问题进行阐述。当前研究的趋势是：学者力图突破现有沿用企业内部控制制度范式以及移植企业内部控制制度框架的做法，建立财政内部控制制度自身的研究主线、路径及范式，并尝试在与各级地方财政部门信息互动的基础上，采取定性描述与模型分析相结合的方法，构建符合地方财政管理规律的内部控制框架。

第3章

地方财政内控制度的国外实践经验与借鉴

3.1 国外财政管理内部控制制度实践[①]

尽管世界上一些国家政府（财政）没有形成统一的内部控制管理制度，但在实践中的许多业务模块都体现出成熟的内控思想，有着严密的债务风险防范体系、严格透明的预算制度、严格的财政支出管理以及管理审计制度，主要体现在以下几个方面：

3.1.1 对政府（财政）债务风险的内控活动

美国拥有完善的地方财政监控体系，这种监控体系是对各级政府财政状况的一种预警，以防止州以及所辖地方政府财政陷入更深的困境。其具体的操作规定是：州审计局是负责地方

① 刘尚希：《财政风险及其防范问题研究》，经济科学出版社 2004 年版。

财政监控体系执行的机构，它的工作是对地方政府进行财政核查，以确定地方财政是否进入了紧急状态。它基本判断依据是，如果地方财政状况具有如下特征，则由审计局宣布该地方财政进入“预警名单”：

①地方财政应付款比例过高。主要有两个参考指标：一是财政年度末，普通预算中逾期超过 30 天的应付款在减去上一年末预算节余后，超过这一年预算收入的十二分之一。二是截止到财政年度末，普通和专项预算中逾期超过 30 天的应付款，减去普通及预算专项款项余额后超过该财政年度的可使用收入的十二分之一。

②赤字比例过高。即上一财政年度的总赤字，减去所有可被用于弥补赤字的普通和专项预算的资金，超过本年普通基金预算收入总额的十二分之一。

③可用财力不足。即财政年度末，地方政府金库所持有的现金及可售证券，减去已签出的支票和担保金额，其价值少于普通和专项预算的节余额，而且此差额超过前一年财政年度金库收入的十二分之一。

为了进一步判断地方财政状况是否恶化，地方财政紧急状态法对其作出了详细的描述，即确定了构成地方政府财政危机的具体条件，并归结为六种测试：

①是否有债务违约，即债务违约达到了 30 天以上。

②是否有工资拖欠，即未能在 30 天内支付雇员的工资。

③是否要求额外转移支付。即要求从其他地方政府向该地方政府进行税收再分配。

④是否有其他支付欠款。即逾期 30 天以上应付款项，在减去现有现金余额后，其结果超过前一年普通预算或全部预算收入的六分之一。

⑤赤字规模是否过大。即预算总赤字减去可用于抵补赤字的预算余额，其结果超过前一年收入的六分之一。

⑥现金短缺是否严重。即未承诺支付的现金和可售证券余

额大于前一年预算收入的十二分之一。

如果按照上述条件进行测试，某个地方政府被宣布为“财政危机”，那么该地方政府就应该成立“财政计划与监督委员会”，由该机构为该地方政府财政管理进行监督和管理，其主要职责是：审查地方政府所有税收、支出和借款政策，要求其完全符合财政改革计划；确保会计账目、会计系统以及财务程序和报告符合审计的要求；协助地方政府调整债务结构和发行债券。

除美国以外，其他一些国家对财政债务风险的控制也是值得借鉴的。巴西对地方借贷的监督和控制非常严格，主要规定有：

①借款渠道的限制。地方政府不允许从该政府所有的企业和供应商借款。

②借款额的限制。借款额必须小于或等于资本性预算的规模。

③新借款的限制。新借款不得超过经常性净收入的18%，偿债成本不得超过经常性净收入的13%，债务总额必须低于经常性收入的200%。

④借款主体财力和信用的限制。借款政府的财政收入超过非利息支出（基础性盈余）。曾违约者不允许借款。

⑤政府担保额的限制。政府签发的担保余额必须低于经常性净收入的25%。

⑥短期往来款的限制。短期收入预借不得超过经常性净收入的8%。

⑦新债券发行的限制。除展期以外，禁止发行新的债券。

⑧债券偿还比例的限制。债券到期时至少偿还余额的5%。虽然中国地方政府不允许发行公债，但巴西对地方政府借款的控制，值得我们借鉴。

匈牙利在财政债务风险管理中，主要重视对隐性债务的测算与管理：在预算框架允许的范围内承担新的风险。而南非对财政债务风险的防范包括宏观框架和微观框架。前者管理框架包括：为了确保会计责任而实施财政管理全透明制度，没有遵循会计报告制度要求的行为被视为犯罪；能够提高透明制度和可预见性的中期支出框架；对国有企业借款的协调和监督职能；对银行和金融部门的管制环境，以使财政免受系统性风险的威胁。后者管理框架包括：量化所有金融资产和负债；清晰区分或有债务和实际债务；严格规制政府的担保行为，在政府无权直接管制私人机构时，不得对私人机构担保；为了限制担保行为而收取担保费；通过设立财政管理法案建立充分的会计责任、清晰的报告责任，以及采取权责发生制会计，包括合并报表；在风险承受能力基础上，通过划分国有企业不同类别来管理隐性财政风险，例如通过公共事业全成本定价使补贴透明。

3.1.2　对地方政府（财政）预算管理的内控活动

美国在地方财政预算管理方面有一套比较系统、完善、规范的体系和方法，其地方政府管理的绩效性、职能的公共性和运作的程序性特点，深深地影响了财政预算管理行为。美国财政管理人员常把市场经济的一些基本理念融入地方政府的日常工作进行管理，进行预算运作，地方财政作为行政的重要手段，既要努力增加财政收入，又要降低服务成本，保证财政收支平衡，控制政府财政风险，体现联邦《政府绩效和成果法》规定要求。其具体表现为：

（1）关注预算程序的规范性

美国地方政府具有比较完善的预算审查监督机制。美国地方政府预算管理职能由行政部门和立法部门分享，分工明确，相互制衡。比如一个市辖区的预算由市预算办公室负责预算编制，财政部门负责具体执行预算，司库（财务主管部门）负责所有财政资金的收支事务，收入部门负责征收各项财政收入，议会财政委员会、市政运行与预算委员会协助议会审查和批准预算，预算执行的审计监督则由审计长办公室独立行使，对市议会和选民负责。

（2）具有比较完备的预算编制审批程序

一是政府预算编制时间较长。一个市预算编制大约用到7个月时间，其间每一个环节、每个阶段、每个部门的任务和权力，都有明确的规定。二是预算内容比较详细。如圣伯纳蒂诺市虽然只有不到30万人口，一年的财政预算也只有1.3亿美元，但他们的年度财政预算案却长达501页，每一项都规定得很具体。三是编制滚动预算和财政中长期计划。四是议会对预算草案的审议时间也比较充分。一个城市市长提交预算建议案给市议会后，议会在3个月的时间内经过一系列听证，完成预算审批和立法程序，使预算建议成为年度预算分配法规。

（3）具有比较严格的预算执行规定

预算建议案一经立法机构审议通过即形成年度预算法案，政府各部门必须依法定程序执行预算，在预算执行过程中，也可以追加、调减或推迟、取消某些项目的支出，但前提是这些措施必须按程序向议会报告，议会可以同意也可否决这些措施。

美国地方政府预算审查监督具有比较成熟的预算审查监督方法，除了会议讨论、辩论方式以外，还广泛采用听证、公众监督等方法进行审查监督。具体表现为：听证监督。地方政府以严密的程序设计保证议会能够有效地监督政府财政预算，包括“三读”程序、辩论制度以及召开听证会等。芝加哥市预算办公室组织对各部门估算性预算进行一系列听证，充分听取各方面意见进行完善。议会收到市长递交下一年度的预算建议案后，各常设委员会和各小组委员会根据各自职责范围安排听证会，为起草预算决议案做准备。

巴西预算编制与管理也同样比较严格、规范、公开和透明。巴西参与预算编制的机构有：财政部、政府财政办公室、议会和预算法院等。财政部和政府财政办公室负责预算编制的组织实施；议会负责审查年度预算和预算相关立法；预算法院负责预算执行的监督、审计以及相关纠纷、诉讼的调处与裁决。巴西政府预算编制时间长，预测计划工作也比较周密细致。巴西法律规定，政府财政要编制年度预算和中长期预算(5 年预算)，当年编制次年预算一般要从当年年初开始，9 月底以前提交议会讨论通过。

美国总统预算的编制一般是从下一个财政预算生效前一年的 3 月开始到次年 1 月末，共约 11 个月，经历三个阶段：3 ~6 月为总统预算政策的形成阶段；7 ~9 月为各部、机构预算的编制阶段；9 ~11 月为总统预算建议的完成阶段。在预算编制过程中，普遍采用了先进的编制技术，如绩效预算、零基预算、计划项目预算、目标预算等，对部门及项目支出的需求以及政府收入的预计比较具体、充分、准确，预算编制比较科学。

巴西的财政预算执行较为严格，追加预算控制很紧。巴西财政预算都由相关法律作出规定。宪法对地方政府财政的预算收支作出规定，预算编制的原则、方法、程序等重大问题都由有关法律作出规定，预算一旦经过通过后，即具有法律效力，预算约束严格，支出追加或项目调整相当困难，预算的执行受到严格的审计监督。

法国地方财政预算由各级政府分级编制，然后提交各级议会，由议会通过后予以执行。省的财政执行权集中在省长手中，省的预算由省长报送政府批准。对各省的财政监督，由省的总出纳作为经济和财政部部长代表，管理本省的预算执行工作。他负责组织收入入库、按预算拨付支出、征收国家的直接税、为省长和大区审计院对市镇预算的编制和执行进行监督。预算监督权主要由省长行使，大区审计院在这方面没有决策权，但起非常重要的监督作用。市镇有一名公共会计，他隶属于经济和财政部下属的公共会计司。公共会计只能对开支是否合法进行监督，而无权对他支付的开支是否适当予以评价。如果他认为某项开支不合法，在说明理由的前提下可终止支付，市镇如果不服可提出申诉。

3.1.3 政府（财政）内外部环境的控制活动

世界一些国家的政府部门内部控制责任主体日益得到强化。荷兰政府部门内部控制责任主体包括国会、财政部、审计法院和政府各部部长。由国会、财政部和审计法院构成的内部控制责任主体体系，是荷兰中央政府内部控制的基础；政府各部部长根据《政府会计法》规定对本单位财务管理的合理性和管理、业务、政策的效率及效果负责。

冰岛政府部门内部控制责任主体包括国家会计署、财务报告委员会、财政部等中央政府部门和政府各部门管理层。国家会计署、财务报告委员会和财政部等中央政府部门负责实施财务内部控制；政府各部门管理层负责设置和执行本单位内部控制。

美国政府内部控制的最大特色，体现在督察长制度和财务长制度的设计和执行上。督察长的主要职责有三项：审核和调查政府施政方案及其运行的各项财务报告和业绩报告，看其是否可靠、有效；领导和协调各项施政方案，以提高内部控制的效率，改善施政的业绩；预防和调查各项施政方案运行中可能发生的舞弊、职权滥用和浪费行为。

1990 年，美国国会通过了《联邦财务长法》，要求在 24 个主要部门设立财务长和副财务长，接受白宫预算总局副局长也是总财务长的政策指导，负责推动并保持一项整合财务会计及内部控制的财务管理系统。1993 年，美国国会通过了《政府业绩和成果法》；1996 年，美国国会又通过了《联邦财务管理改进法》。这三部法律赋予了联邦督察长七项职责：财务报表审计；相关财务事项审计；对相关事实和证据进行系统地追踪和调查；对施政项目评估审议和研究分析的全过程进行督查；业绩审计；施政项目效果性审计和遵循性审计；施政项目的成本效益评估。美国地方政府亦设有负责地方政府各部门审计工作的审计机构。在财政部门设有审计室和监察员办公室，审计室负责内部审计工作，监察员办公室负责调查舞弊案件。两个机构相互配合、相互协作，由于审计人员不多，有时要聘请会计师事务所协助审计。审计的重点是：州法案规定的每年都要进行的审计项目，行政官员提出要求实施审计的项目，需要改进控制与管理的领域及有可能减少开支的领域等。

世界有些国家具有健全的财政内部控制监督法律体系与独立的财政监督机构。比较有代表性的国家当属玻利维亚、荷兰和日本。玻利维亚和荷兰于1990年分别通过了《政府管理和控制法》和《政府会计法》，确定公共组织内部控制的法律职能。日本通过了《公共财务法》和《公共会计法》确定公共部门的财务和会计检查及内部控制，并规定所有政府部门依据法定要求检查并控制本单位的财务和会计活动。

一些国家还通过构建分工明确、相互补充、相互协调的财政内外部控制与监督网络，来确保财政行为的规范性。这方面法国的做法最为突出。法国的财政监督既有经常性监督又有专项稽查。

经常性监督主要是对财政支出过程的监督，它由行政监察、司法监察和议会监察三部分组成。

行政监察由财政稽查员来完成，主要负责检查财政支出的各个阶段是否符合制度规定和控制总体开支。

司法监察是行政监察的补充和结局，主要有两种形式：一是审计法院对所有公共会计账目进行的年审。二是由预算和财政纪律法院对支出决策者的行为进行审判，如有违反规定的行为，将判定支出决策者个人对此承担经济责任。

议会监察是经常性监察的最后环节，预算年度以议会通过决算法而告终。议会的工作主要是对过去的管理从政治上给予认可。

法国的专项稽查由财政稽查总署和审计法院来执行。财政稽查总署是财政部下属的稽查机构，由财政部长直接领导，它的稽查范围包括所有公共会计和受国家补贴的机构和公共机构。一方面，对外地公共会计进行短期的临时检查；另一方面，对特定专题进行常规调查，目的是对某行业领域采取行政措施的结果作出评价，一般是同其他稽查机构（主要是社会事务、国防事务稽查机构）联合进行。

另外，20 世纪中期，一些国家为提高政府部门内部控制的有效性实行了内部控制定期报告制度。其中，美国国会通过立法要求政府部门建立独立的内部审计机构，每年测评并报告内部控制情况和公布并实施财务状况审计报告。美国《联邦财务总法》规定：政府部门每年必须根据颁布的条款的要求向总统、国会及公众报告内部控制系统执行情况。

3.2 对构建我国地方财政内控制度的启示

从对世界上一些国家财政内部控制制度的阐述来看，还没有一个国家形成了一套完整的地方财政内控制度，但这些国家日益完备的财政制度，如对财政风险的防范机制、严格的公共财政预算制度以及良好的财政控制与监督环境却为我国地方财政内控制度的建立健全提供了有价值的借鉴与启示。

3.2.1 财政透明度是建立地方财政内控制度的基本要求

一些国家财政拥有较高的财政透明度，这是预防财政债务风险的要求，也是财政管理内部控制制度的基本要求，因此在构建我国地方财政内控制度的时候，我们一定要保持地方财政高度的透明性，加强对财政债务风险的内部控制与防范，减少地方财政风险发生的概率。

从宏观层面上讲，主要是明确财政管理框架中的职能分工与机制：

①要明确地方政府的结构和职能。要培养政府明确的责任感，将政府与中央银行、公共金融机构和非金融机构公共企业分离开来，只要公共金融机构、非金融公共企业从事大量的准财政活动，这类活动就应在财政报告中的公共部门部分有所反映。

②要明确地方政府内部责任分工。对一些支出责任应以稳定的原则或经过协商的方案为基础，予以明确说明。

③要建立明确的关于预算和预算外活动的协调和管理机制，公开财政收入的规模和分配过程，防止财务控制出现问题。

④透明政府对经济私人部分的介入。政府对私人部门通过管理或股权拥有等方式的介入应以公开的方式进行，并应以一视同仁的明确规定和程序为基础。[①]

从微观层面上讲，主要是明确财政管理的法律和行政管理框架：

①对公共资金的任何承诺或支出都应受到综合的预算法律和公开的行政管理规定的约束。

②税法的管理应用要受程序保证措施的约束。

③财政管理部门就公共资金的收入或使用作出的处理或决定以及对其他权力的行使应受到防止不道德行为的行为法则的约束。

3.2.2　预算制度在地方财政内控制度中具有重要地位

政府财政预算体系是地方财政内控制度重要的组成部分，其完善程度如何直接关系到内控制度优质性的高低。从预算管

① 国际货币基金组织：《财政透明度》，人民出版社 2001 年版。

理的过程与制度来看，上述这些国家具体的预算管理技术、科学合理的预算程序以及完备的预算制度无疑对我国构建地方财政内控制度框架有着重要的借鉴意义。具体而言，主要启示包括：

（1）要树立先进的财政预算理念

在实践中，地方财政预算正从一种保证公共支出的合法性与合理性的手段变成改善公共部门管理和提高资金使用效益的工具。所有地方财政预算一方面要适应不断变化的环境；另一方面要严格遵守法律和其他有关的规定，所有财政资金只能根据法律授权而且在法定的额度内安排。

（2）要科学运用财政预算控制方式

由于计算机和信息处理能力的发展，监督程序要在地方财政管理中发挥重要作用。在对预算控制过程中，定期比较实际支出与预算计划，一旦不确定的因素出现，就可以得到适当的处理，使预算制度更接近会计制度，两种制度的形似不仅能使两者在共同的基础上保持一致，而且能使管理者更注意其机构行为的财务结果。要强调绩效预算或结果导向预算，其中尝试把预算支出管理的主要责权下放给项目的管理者，这样会改变预算部门的作用以及它与支出部门的关系，预算部门变成了改进管理的领导机构，它的新职责是激励和施加压力。在责权改革中，一方面强调支出部门必须在预算额度内为其财务活动负责的观念；另一方面又强调分配公共资源的预算部门必须是改善资金和项目管理的领导机构。但支出控制权的下放通常要伴随着对行政管理成本的严格限制，机构支出只允许在通货膨胀率以下增长。这种支出压力可能会使各部门改进绩效。

（3）要合理安排财政预算管理处置权

地方预算制度改革反映的是管理制度的改变，即从详尽的法规和服从性管理转向提高管理者积极性，在使用资金上给管理者更大的自主权，讲求绩效实现支出目标，管理者要为本单位的绩效与成本负责，包括公共支出所应有的绩效和那些属于常规的会计业务但不必由他们预算来承担的成本。这种制度性刺激措施包括：在完成目标任务的前提下，允许支出部门保留全部或部分结余资金；资金的组合使用以及时间分配方面有着更大的自主权；在项目或活动之间在分配资金上有着更大的自由度。与严格执行方式的管理方法截然不同的管理处置权，一方面强调绩效指标；另一方面也强调协商和支出限额的严格执行，同时还有报告和审核制度作保证。

3.2.3　良好的制度环境是健全地方财政内控制度的必要条件

地方财政内控制度的建立健全最终要依靠财政管理内部机构和人员的协调程度以及内外部审计制度的完善程度，这些将为地方财政管理内部控制的构建提供良好的制度环境。从以上所述我们发现，国外一些国家财政内部管理具有良好的运转机制是离不开这些好的制度环境存在的，这要求在构建地方财政内控制度时要做到：

（1）要合理进行机构设置与职责分配

首先要争取领导重视和支持，建立健全内部控制制度，完善内部监督机构，规范内部监督行为，明确职责权限，确定监督与被监督双方的权利和义务；其次是争取监督对象的理解和配合，消除监督活动中的抵触，变被动监督为主动监督。另外，内部监督还要重视监督艺术，力争做到监督与管理相结合、监督与服务相结合、监督与考核相结合，使内部监督与财政管理融为一体，通过内部监督促进财政内控制度完善。

（2）建立财政部门的内部控制制度和内部审计制度，必须认真抓好财政监督队伍建设

首先要对财政监督检查机构进行充实和调整，努力培养一支政治坚定、纪律严明、业务精通、作风优良的高素质财政监督执法队伍；其次要从机关内部选派政治素质好、业务能力强、工作水平高的干部充实到财政监督队伍中来；最后，还要

加强对财政监督检查干部的政治、业务培训和后续教育。

（3）要增强内部监督的独立性

财政内部监督的主体一般是各级财政监督机构。内部监督的性质往往就决定了监督的主体具有地位低、权威性小、独立性差、易受干扰的特点，容易导致内部监督工作难以有效开展。为了减少行政干扰和监督检查阻力，避免监督工作流于形式，必须提高内部监督的地位，增强其监督的独立性和客观性。要完善《财政监督法》，从法律、法规的高度明确财政监督的主体、检查内容、范围和处理办法等，使财政内部监督有法可依，逐步把财政监督纳入法制化、科学化轨道。

第 4 章

地方财政风险及内控制度的引入

4.1 地方财政职能与地位

一般理论认为，地方政府可以被视为一个由民主选举而产生的机构，它的管辖权限仅限于当地范围而不是区域性或全国性范围，并通过授权获得地方税收以及地方公共服务供应的自由裁量权。但在实践中，地方政府的产生受制于政治、经济、文化以及管理等因素，是历史的选择，并非是纯粹民主选举的产物。地方财政属于地方政府职能最重要的表现形式，其本身主要职能体现为通过提供公共品来满足地方居民的公共需要、优化地区资源配置、调节辖区内收入分配，进行区域性经济总量与结构的调节。

按照公共品层次性理论，公共品的消费与提供要受到地理和空间因素的影响，具有明显的地域性或区域性特征，其受益范围往往具有一定的闭合性，这一特征有时也被称作是公共品的层次性。依据这一受益原则，公共品可以被区分为全国性公共品与地方性公共品。其中，前者是指诸如国防等可以为全国的居民共同消费和使用的公共品；后者则是指受益范围具有闭合性的地域特征、其受益一般只能或主要由本辖区内的居民所享有的公共品，如地方政府部门提供的公共劳务、地方治安、城市供水、供气设施等等。根据成本与受益对等原则，某种公共品的成本应由受益地区的人负担，从而也就产生了公共财政的地区性问题；偏好识别理论认为，地方政府对本辖区地域特点和居民的偏好有较好的把握，它可以根据辖区的具体特点建立科学的居民偏好表达方式，保证偏好显示的真实性。那么，从财政角度讲，由地方政府来通过其相对独立的财政支出体系对地区性的居民偏好予以满足更具合理性。从提供水平视角进行分析，由分权化的地方政府通过各自财政支出来提供本辖区的公共品，还存在着竞争机制，这样促使地方政府采用最有效的生产技术。那么，让地方政府将一个帕累托有效的产出量提供给它们各自的选民，则总量要比由中央政府向全体选民提供任何特定的并且一致的产出量有效得多。从居民偏好实现程度进行分析，由地方政府通过地方财政支出的方式分散提供公共品及公共服务也具有有效性。

中国地方财政制度框架由省（自治区、直辖市）级、市级、县级、乡（镇）四级财政体系组成。在地方财政体系中，省级财政是主导，城市财政是支柱，市辖区财政是介于地方财政体制两端的中间型财政、县、乡（镇）财政是基础环节。总体而言，中国地方财政介入的职能领域包括：地方区域性公共品及服务的供给，如区域性安全、公共秩序、法律、公共工程与设施以及公共服务（教育、卫生、文化、科学、社会保障、社区服务）等市场供给不足或无法提供的领域。在地方经济发展过程中需要地方政府介入的市场无法自行修正的失灵领域，如经济的外部性、垄断、分配不公、经济波动、信息不完全与不对称等市场失灵领域。由于可持续发展的需要所引起的地方政府一定程度要介入的领域。如地方性产业结构的调整与优化，资源合理开发利用和环境保护等。

地方财政在整个国家经济与财政体系中占有重要的地位。除了上文所论述的地方财政体系的存在可以有效地提供地方公共品、更好地识别与实现居民偏好之外，其重要地位还表现为：从财政收支角度看，地方财政收入与支出是国家经济中的重要组成部分，其中地方财政收入与支出的总量在整个财政体系总量中都占有较大的比重；从地方财政职能履行角度看，由地方政府提供的主要劳务——教育、医疗卫生、交通、社会服务、环境保护、公共安全以及城市基本设施建设，都是对居民日常生活有直接影响的、攸关福利水平的事务；从政策的影响力角度看，地方政府的财政经验、财政执行政策经常会成为国家财政政策制定过程中的参考标准，成为影响中央政府财政政策制定与执行的影响因素，有利于多样化和创新型财政政策的产生。

地方财政的地位决定了其稳固与平衡的重要性。地方财政稳固与平衡可以使其能更好地在国家的经济、政治领域及财政制度执行过程中发挥良好的作用，所以，化解地方财政风险，因而维持地方财政正常运行也就成为值得重点关注的社会命题。

4.2 地方财政风险界定、诱因及影响

关于财政风险的内涵，财政部于 1996 年在一份《国家财政困难与风险问题及振兴财政的对策研究》报告中首次提出："财政风险是指财政发展过程中由于某些经济和社会因素的影

响，给财政运行造成波动和混乱的可能性，集中表现为巨额财政赤字和债务危机。”随后，学术界对财政风险有了不同的补充与诠释，如姚绍学（1999）认为：财政风险是指发生财政收支矛盾激化进而破坏财政稳固与平衡的可能性；孙相国（2001）认为：财政风险是由于财政收入增长的惰性和财政支出的刚性以及合力所形成的困难，并可能引发财政危机的一种状态，财政风险表现为收入风险、支出风险、赤字风险和债务风险。上述两位学者对财政风险内涵的界定是最有代表性的，主要从财政收支的视角给予了分析，是财政部提出的财政风险内涵的补充与延续。而陈学安（2001）与武彦民（2003）对财政风险的内涵有了进一步的延伸，前者认为：财政风险是指国家在执行有关财政政策，使未来财政工作遭受损失或损害的可能性。后者认为：财政风险是财政运行难以有效履行自身职能的状态。本书采信的是刘尚希（2004）提出的财政风险的概念：财政风险是政府未来拥有的公共资源不足以履行其未来承担的支出责任和义务，以至于经济、社会的稳定与发展受到损害的一种可能性。本书认为，从一定意义上讲，财政风险是未来财政不确定性的表现，这种不确定性的发生往往是当前财政制度安排的不合理、财政政策制定的不科学以及财政行为的非规范性诱发的，对未来的财政风险需要我们予以预测与评估，更重要的是要作出相应的制度安排对当前存在可能诱发未来财政风险的财政行为给予有效的规范，这也是地方财政内控制度需要建立健全的原因所在。

本书按照财政风险的定义来界定地方财政风险的内涵，地方财政风险是指由于财政体制、政策执行、资源配置与业务管理等方面的不健全或失误，导致地方财政不能较好地履行要承担的职责，从而给经济发展、社会的稳定及政府信用造成不良后果的可能性。

学者们对地方财政风险的成因进行了多方面的研究。程谦

认为以下几个因素促成了财政风险的产生：[1]

①体制因素的影响。一方面是计划经济传统体制的惯性造成预算收支规模确定中的水分，使预算在编制时脱离实际，为预算的执行留下隐患；另一方面是市场经济改革中，财政分配的不断放权让利，一度使地方财政收入占 GDP 的比重不断下降，造成地方财政风险的易发性。

②制度因素的影响。制度建设的长期滞后，特别是财政预算制度存在的“软预算”约束，是不能实现财政稳固与平衡的基本原因。预算外资金管理、税收征管与优惠减免、国债资金的管理与使用、政府公共支出、财政支出的效率控制、财政转移支付、社会保障等制度建设存在不足与缺陷，成为财政风险产生的温床。

③基本国情因素的影响。地方政府一直是推动我国经济发展的重要力量，经济发展过程中的决策失误成本、政府投融资成本以及经济建设过程中资源、环境的公共治理成本主要依靠地方财政负担，加大了现实的财政风险与潜在的财政风险的发生。上述对财政风险成因的阐述更多的是基于宏观层面上的分析，把体制、制度以及基本国情等外在的因素作为逻辑分析的依据。

刘星等人认为地方财政风险的形成机理主要包括：[2]

①地方财政收入增长的有限性。转轨时期，地方财政风险突出表现在地方财政收入的有限性和财政支出需求的无限性之间的矛盾。由于在财源的建设过程中，地方财政受到政治经济形势、国家整体财政政策的安排以及地方资源条件制约等不可控因素的影响，有时会使地方财政收入增长速度远远低于经济的增长速度，地方财政收入占 GDP 的比重也不断下降。

---

① 程谦：《财政制度变迁与政策选择》，中国财政经济出版社 2006 年 6 月第 1 版，第 124 ~ 128 页。

② 刘星、刘谊：《中国地方财政风险及其控制与防范》，中国财政经济出版社 2006 年第 1 版。

②地方财政支出的扩张性。在市场化改革的过程中，地方经济的发展有时还要依靠政府扩大财政支出来完成；地方宏观经济的波动，也需要地方财政加大调控力度；经济结构升级需要地方财政支出政策和资金的支持。

③地方官员的财政道德失范对财政支出的过度扩张风险也起到了推波助澜的作用。

上述对财政风险成因的阐述更多是进一步贴近地方财政收支本身存在的矛盾来进行的。另外，许多学者更愿意从地方政府债务视角分析地方风险的成因，如刘立峰（2001）认为，国债政策的非持续性将导致财政风险的局面；刘尚希（2004）从政府直接债务与或有债务的角度分析了财政风险的存在。

从学者对财政风险的成因分析来看，其主要关注点在于：

①把制度、政策经济、政治等外生变量作为导致地方财政风险的原因。

②地方财政收支矛盾，把地方政府风险的成因归结为地方政府债务问题上。

从观点的阐述方法与内容上看，后一种观点属于前一种观点的逻辑延伸和具体化。应该承认的是，这些观点一定程度上阐明了导致地方财政风险形成的部分因素，为对地方财政风险的研究提供了可靠的理论参考依据。

在实践中，我们认为地方财政风险应该具体表现为债务策略、财政资金运行与财政部门业务流程上的经济风险、运行风险与技术风险等多个方面，其中，地方财政管理是诱发风险的主要因素之一，这些管理性因素主要表现为：

①地方财政职能轨迹的偏离导致地方财政风险。在经济指标考核机制与官员行政任免制度的推动下，地方政府存在着扩张经济的内在冲动，又加之政府机构缺乏市场组织那样的直接约束，必然会产生追求政府工作人员的非货币收入最大化、机构规模的最大化及预算支出最大化等脱离履行公共职能的组织目标，目标决定行动，加大了财政风险发生的可能性。

②地方财政决策不科学成为财政风险发生的重要原因。在地方财政决策的科室化、缺乏理论根据与实地调研、决策受上级行政命令等因素的影响下，使管理层决策短期化，难以保持财政决策执行的连续性，这种财政决策产生的成本为财政风险的发生埋下了隐患。

③地方财政部门管理制度有待健全是诱发地方财政风险的直接因素。科学化的财政管理制度能有效地防范地方财政风险的发生，但在实际工作中，一些制度运行的周期过长，不能适时地进行修正，特别是对财政业务流程上的关键风险点缺乏明晰表示，最终会导致地方财政风险的发生。

④地方财政职能履行过程中的非效率财政行为导致地方财政风险。由于政府的财政活动成本与收入分离，缺乏效益—成本理念，使地方财政在履行职能过程中存在非效率财政行为，财政资源浪费严重，增加了财政风险程度。另外，公共财政权力的滥用，寻租现象严重也会导致地方财政风险的发生。

⑤财政信息透明度不高导致地方财政信用风险的产生。在实践中，地方财政部门凭借信息优势使公共财政信息内部化，不对称信息会对政府与公众契约的履行注入风险，造成财政部门与公众之间契约条款不完全，在修正不完全契约过程中，不仅会产生许多交易成本，而且还会引发地方政府财政信用危机。

⑥地方财政绩效评价体系的不健全、财政管理项目追踪问效的管理机制不完备对地方财政风险的发生也会失去机制性的约束。

地方财政风险会对地方财政稳固与平衡产生多个方面的影响与冲击，地方财政稳固与平衡是指地方财政与辖区内经济、政治管理相互促进，其自身的收支保持相对的平衡与协调，财政整体运行维持健康有序的发展，地方财政拥有的一切有形资源与无形资源，能承担起未来应当承担起的责任与义务的一种可持续性发展状态。对地方财政稳固与平衡现实意义的评价是对地方财政地位重要性评价的延伸，地方财政稳固与平衡的价值是地方财政地位具体的实践体现。对财政稳固与平衡的现实意义进一步分析为：

①地方财政稳固与平衡可以提高自身的公共服务能力，有效地承担起地方性公共品的提供责任，充分满足辖区居民的需求偏好，进而提高居民的整体福利水平；

②地方财政稳固与平衡能够使其有能力对本地区的经济进行宏观调控，平抑经济波动，扩展区域经济优势，维持地区性经济协调发展；

③地方财政稳固与平衡有利于维护市场经济秩序，弥补市场失灵领域，消除市场中的信息不对称，调整外部效应；

④地方财政稳固与平衡有利于国家整体财政体制的安排与稳定、财政政策的执行以及公共财政体制改革的推进；

⑤地方财政稳固与平衡有利于自身的财政预算安排，财政政策的执行与财政目标的实现；

⑥地方财政稳固与平衡有利于维护政府的财政信用，促进民主化、法制化、科学化地方财政体系的建立。

而地方财政风险会对地方财政稳固与平衡带来较大的负面影响，主要表现为以下几个方面：

①地方财政风险破坏地方财政稳固与平衡的基础，使地方财政陷入困境。在实践中，如果不能有效地防范财政风险，会使地方财政产生沉重的财政压力，甚至引发地方财政危机。

②地方财政风险会削弱地方财政稳固与平衡的经济效应。地方财政风险的发生会影响地方财政对经济的宏观调控能力，不利于政府对市场秩序的维护与调节，恶化宏观经济环境，对区域经济的可持续性发展产生不良影响。

③地方财政风险会降低地方财政稳固与平衡下的公共服务能力。地方财政风险的发生会使满足居民公共需要的公共品提供数量与质量的下降，影响到居民公共偏好的实现，从而不利于国民福利水平的提高。

④地方财政风险会影响到地方财政稳固与平衡下的财政制度执行效应。在现实中，如果不能有效地防范地方财政风险的发生，会影响国家整体与地方财政制度的后续安排、财政政策的执行以及财政目标的实现。

⑤地方财政风险会导致地方财政信用水平的下降，降低未来财政政策的执行过程中民众对财政政策执行的配合度。

应该说，地方财政风险的形成是复杂的，没有统一的评估方法，但如果我们拓展思路，从地方财政内部管理的视角来剖析地方财政风险的成因，并相应地从完善地方财政管理入手，提出防范与治理地方风险的基本策略，应该是一条很好的研究路径，所以引入内部控制制度，建立地方财政内控制度不失为一种对地方财政风险识别、预警与规避的新理念与路径。

4.3 地方财政内控制度的引入

当前，我国地方财政内控制度还没有形成完整的体系框架，地方财政的管理主要依靠编制部门预算、国库集中支付制度、财政集中采购制度以及财政审计监督制度来支撑，相对于来自外部的管理而言，这都是地方财政管理的内控制度中的因子，也基本构成了地方财政管理内控活动的内容。地方财政内控制度是一个系统工程，其核心内容是地方财政内部审计制度，其基础是这些资金管理制度建立和完善。

长期以来，我国主要施行财政内部监督检查机制，是财政部门的内部管理和监督相分离，以监督促管理的重要手段。它具体是指由各级财政部门内设的财政监督检查机构派出检查人员，对财政部门内设各职能机构的财务会计管理、预算编审执行、内部制约以及直属单位的财务收支和会计信息质量情况实施的监督检查，对检查发现的问题及时予以纠正，对管理方面的薄弱环节提出整改的意见和建议。同时，内部审计机制还对财政部门所属事业单位的财务管理和会计信息质量进行监督检查，提出改进管理意见。应该讲，这种内部监督检查机制在我国实际运行中获得了一定的效果：加强了财政预算的管理，提高了财政资金运行的规范性；规范了财政管理人员的行为，减少了“寻租”的行为现象与执行中随意性的政策失误；提升了财政运行效率，也保证了财政资金使用上的效果。

另外，我国财政部门近年来为加强管理也进行了一系列制度类的改革，这些制度都将构成地方财政内控制度的重要组成部分。例如，部门预算作为一种全新的预算编制模式，自2000年实施并开始成为预算编制的主流模式以来，其综合性反映了部门预算内外收入、事业收入以及其他合法收入，实现了部门公共资源的统一，从微观基础上保证了预算总量控制目标的实现，也有利于提高财政透明度。其科学性可以激励人们努力改进预算技术，更加真实合理地测算支出，扭转当前预算博弈中财政部门的被动局面，压缩行政管理费支出，为优化财政资源配置、调整财政支出结构打开空间，从而提升预算的配置效率。2003年，政府采购制度的全面实施有利于政府部门强化支出管理，硬化了预算约束，在公开、公正、公平的竞争环境下，降低交易费用，提高财政资金的使用效率。2005年，中央和地方全面推行的财政国库管理制度的改革，建立了以国库单一账户体系为基础、资金缴拨以国库集中收付为主要形式的现代国库管理制度，将所有的财政资金纳入了国库单一账户体系管理，加强了财政资金支付使用全过程的监控，有效地提高了财政资金使用的安全性和规范性，增加了预算执行信息的透明度，提高了预算收支信息的完整性、准确性和及时性，为财政运行管理和宏观经济调控提供了可靠的信息参数，提高了财政资金的运行效率和使用效益，增强了国库资金的控制和统一调度，为实施财政政策和管理提供了资金运行保障。

综合看来，各种制度的实施为地方财政内控制度完善提供了思路与框架，但就总体而言，我国当前地方财政内控制度存在的主要问题包括：

①完整、统一与协调的地方财政内控制度还没有最终形成，实施内部控制的财政部门主要依靠各项财政管理制度独立作用作为支撑，没有形成完整的制度设计，即使执行一些内部控制活动，也均以标准化的规定、说明书作为执行的根据，缺乏整体制度规范作为依据，来对财政内部各种状况进行长效安排与合理评估。

②地方财政内控制度理念还有待提高。由于认识与理论的缺乏，财政系统内部对内控制度的建立健全普遍存在不主动、不理解的状况，主要决策人员支持力度不够，一般工作人员也予以排斥，不能形成制度执行合力，导致缺乏评估内部控制执行与评价体系，对地方财政的控制主要依赖外部监督，包括政府审计和人大监督。

③在地方财政管理内部制度的具体执行上，管理者常常会依据传统的管理模式与经验管理，用一般的财经规章制度代替内部控制制度；其执行机构也主要按照业务、人事和财务这三大组织要素，平行设立多头控制部门，无法形成有效的控制合力。

④内控制度执行情况的监督及反馈机制还有待健全。一些财政部门能对照财政部发布的相关内部控制的基本规范及条款，初步建立起财政管理的内控制度，但忽视对内部控制制度的最终执行情况的监督、反馈与奖惩，使地方财政内控制度最终失去效应。

我国地方财政内控制度存在问题的诱因是多方面的：

①财政管理内部控制制度在我国的应用还处于刚刚起步的阶段，理论与实践基础还很薄弱，内部控制制度的整体推行不能一蹴而就，需要随着时间的推移来不断完善。

②地方财政体系本身还存在有待完善之处，部门预算、政府采购以及国库集中支付等制度安排需要进一步梳理，以期融入地方财政内控制度中，构成协调有效的地方财政管理体系。

③地方财政管理理念需要不断加强，公共服务与内部自我约束意识要不断深化，这样，财政部门才能营造出有利于财政管理内部控制制度实施的环境，使其真正得以建立健全。

内部控制（Internal Contort）是以企业或公司为管理对象而发展起来的一种技术性与实践性的管理制度，作为一种约束机制，是内部牵制与现代管理科学相结合的产物。在来自组织的演进和环境（政治、经济、社会、技术）变化的推动下，内控制度经历了一个不断发展的历史进程，这种演进主要表现为控制目标、控制对象和控制手段的变化。从 20 世纪 40 年代末开始，内部控制测评成为政府财务审计方法后，内控制度逐渐发展成为政府绩效审计的重要方式，并在政府部门得以广泛地运用。

应该讲，把内控制度从企业管理领域引入到政府管理领域，极大地扩展了内控制度应用的范围，是一种理论与实践的创新，是对内部控制制度应用范围的扩展，是把一种内部约束机制与管理技术在公共领域管理中的大胆尝试，也意味着随着对价值、责任、信任和授权认知的加深，内部控制作为一个有活力的制度体系，不断得到了各界的肯定与认同。

一般而言，地方财政部门内控机制是内部监督与管理相分离，对管理进行内部再监督的一种机制，主要表现为财政部门的内部各职能机构为加强内部管理而制定的各种程序性的制度，包括对地方财政部门的内部监督检查约束机制的建立，以及地方财政部门的内部职能机构用于内部管理的工作程序性、规范性的制度建设。地方财政内控机制按照地方财政管理涉及的范围划分为：地方财政资金运转的绩效控制与地方财政管理效率控制。前者主要是运用严格的预算管理与财务收支手段对财政资金运行系统进行控制，包括财政资金预算的科学化、财政收支的法制化以及财政资金运行的信息化数据库的建设；后者主要是采取财政资金运行手段以外的方法对管理系统进行有效的控制，主要包括内部控制制度实施的组织机构与人员的配置、管理模式的确定与执行以及管理效果的确认等等。

地方财政管理内部控制能够帮助地方财政达成预期目标，同时在财政管理运行过程中避免各种错误与意外。具体而言，建立健全对地方财政管理内控制度的现实意义在于：防范地方财政风险、保持地方财政稳固与平衡、促进地方经济稳步发展、提升地方财政的公共服务能力、维护地方财政的公共信用，通过建立健全地方财政预算管理制度、税收征管制度、内部审计制度、内部绩效评价制度以及制定与执行地方财政内部各项规章管理制度，对地方财政部门的财政资源配置、各职能机构的财政运行以及财政内部各项活动进行约束和调节，使之按照设定的轨迹和目标运行，从而使财政资金的有效性和效率性及对法律法规的遵从性得到有效发挥。

按照地方财政内部控制功能目标不同，地方财政内控制度可分为：预防性控制，就是为了防范地方财政业务运行过程中风险发生而采取的控制，属于“事前控制”；检查性控制，把已发生和存在的财政运行中的风险筛选出来的控制，在缺乏可行的预防性控制措施情况下，检查性控制是有效、成本相对较低的控制工具；纠正性控制，是对那些被检查性控制反映出来的地方财政运行过程中的风险进行纠正与处理；指导性控制，是为了实现地方财政运行的有利结果而采取的控制；补偿性控制，是针对某些环节的不足或缺陷而采取的控制。

基于以上阐述，我国施行地方财政内控制度的可行性可以简单描述为：

①内部控制制度理论体系的不断完善与实践的不断深入，为地方财政内控制度的实施提供了理论与实践基础。内部控制制度一直是理论界关注的热点问题，对它的研究日益深入，另外，内部控制制度在企业、金融领域以及各行业内部应用的经

验对地方财政内控制度的建立健全提供了宝贵的实践借鉴。

②我国地方财政运作体系的日益健全，为地方财政内控制度的实行提供了良好的制度性支持与环境。完善地方财政体系一直是近些年来我国政府着力推动的改革，地方财政的收支体系、转移支付体系、国库集中支付制度、预算制度以及税收征管制度日臻完善，为地方财政内控制度的实行提供了坚实的载体和稳固的平台。

③政府与居民财政理念的不断提高，为地方财政内控制度实施提供了浓厚的财政文化氛围和社会支持。公共财政理念逐渐被政府财政部门所接受并遵照执行，公共财政监督意识日益深入民心，社会整体财政文化的形成已成必然，这为地方财政内控制度的发展提供了优质的内外部环境。

需要指出的是，地方财政内控制度也存在一些制度实施成本，具体表现为：

①地方财政管理内部控制过程中，有关管理人员决策的失误，可能导致内部控制失去方向，不能实现原有的控制效能；

②在实施地方财政内控制度过程中，如果不能将某些不相容的职务分离开来，则可能造成相关人员的勾结串通，既不能实现不相容职务的互相制约，也不能达到内部控制的目的；

③地方财政内控制度的设计和运行受制于成本与效益原则，控制环节越多，控制措施越复杂，则控制成本就越高。

那么，在实践中，如何找到控制效能与控制成本的最佳点是技术上的难题，比如要找到控制措施的执行占用了本来可用在其他管理上的时间成本，与制度的实施加强了职能履行和提高财政支出效率的收益的最佳点；要比较内部控制经常要求利用凭证单据或文档对业务进行记录而发生的成本与制度能很好进行财政运作过程中资源配置的收益。另外，地方财政管理内部控制系统中的授权或审批过程要求增加管理层次，以及要花费高层管理的大量时间，而且在控制措施的采用有时会与财政目标发生冲突，有时为了防范财政风险的发生，而牺牲效率。

从总体来看，内部控制制度一般只是针对一些经常发生或重复出现的常规问题而设计的，具有一定的稳定性，但是由于一个阶段固定模式的内部控制制度可能不能灵活地适用经济环境或业务性质的变化，对于一些非常规性问题则难以进行处理。对于上述的成本在实践中要尽量化解与缩减，从而提高地方财政内控制度实施效果。

第5章

地方财政风险及内部控制目标、原则、假设与框架

地方财政内控是指为了识别、预警与规避地方财政风险，通过整合财政部门业务模块与梳理业务流程，标示出财政活动中的关键风险点，并制定有效的预警指标体系与内控方案的管理活动。地方财政内控制度的设计要遵循一定的步骤来完成，这样才能保证制度的严密性和整体性。第一，确定内控目标，控制目标是设计工作的前提，只有把目标定好，才能有的放矢地进行具体的设计工作。第二，确定构建原则，构建原则是财政管理内部控制制度设计的具体指导思想，关系到制度设计中的界限及依据。第三，阐述内控假设，对内控制度设计中存在的未知因素作出的一些合乎情理的逻辑推断。第四，构建内控框架，并对内控制度框架元素作出具体的描述。第五，鉴别控制环节，控制环节是制度设计工作的关键，是在财政业务流程中寻找和鉴别哪些流程上应加上控制环节，即控制点。第六，确定控制活动。控制活动是在制度设计目标、原则和控制环节确定之后，按照目标、原则的要求对控制环节进行控制的过程。

5.1 地方财政部门内控与企业组织内控差异性比较

当代在描述国家与社会的关系上，常将一国之内划分为“公领域”的政府部门或政府组织、“私领域”的市场部门或企业组织，以及在此两个部门之外的志愿性非营利或非政府组织所构成的所谓“第三部门”。对于“私领域”的营利性企业组织，其资源主要来源为投资者的出资及其增值，其营运主要目标是通过向市场提供竞争性产品而获取利润，这些特征决定了世界各国对其范围的界定是相同的。而非企业部门是个非常宽泛的概念，除了“私领域”的市场部门或企业组织外，“公领域”的政府部门或政府组织以及“第三部门”我们都称之为“非企业”部门。

非企业部门在诸多方面体现出与营利性企业不同的特征。美国学者弗里曼（Freeman）和肖尔得斯（Shoulders）认为：“政府及非营利组织在以下几个方面与其他组织不同：获利不是它们建立或运作的动机；它们通常由其委托人集体所有，其所有权不是由个人拥有可出售或交换的权益份额认定；它们的财务资源提供者未必能对他们所提供的货物或劳务获得直接或部分回报；通常非企业的政策决策和一些运营决策都是通过一个选出的或指定的管理委员会一致投票作出的”。

尽管非企业部门范围广泛而复杂，但对非企业扼要的界定对构建地方财政内控制度有着非常重要的意义。同时，对非企业基本特征的描述会帮助清晰化地方财政内制的目标、假设、方式及路径等要素。地方财政作为非企业部门在许多方面和企业单位有相同或相似之处。比如：它们都处于相同的社会经济环境中，都是经济体系中不可分割的组成部分，使用相同或相似的经济资源以实现它们的目标；它们都努力取得稀缺的资源，产出尽可能多的产品或服务，以满足社会不断增长的需求；它们采用相同或相似的方法进行财务管理，建立完善的会计信息系统，为管理者、资源提供者、监督机构等提供它们作出相关决策需要的信息。在某些情况下，它们提供的物品或服务是相同的。

但是，作为两类不同性质的组织，地方财政部门和企业部门之间的区别是显著的。一般而言，地方财政部门与企业组织相比，存在很多差异，地方财政部门具有如下几个特征：

①组织目标的多元化。由于企业以营利为中心的目标，企业的资源提供者可以使用利润或每股收益等客观的财务经济指标来衡量企业目标的实现程度，评价其业绩的优良。与企业单一的营利目标相反，地方财政的运营目标存在天然的非营利性、多元性和非量化性的特点。地方财政目标的多元性将导致对地方财政部门业绩的评价就很难用财务的、经济的或量化的指标来衡量，而必须主要从非财务的、非经济的和非定量的角度来评价与衡量。

②资金来源的无偿性。企业资金有两大来源，一个是债权人，另一个是投资人。为了给债权人和投资人提供回报，企业要营利，企业必须要向消费者提供能够满足消费者需求的产品或服务。地方财政部门的资金主要来源于向纳税人征收的各种税收，向服务对象收取的以“成本补偿”为基础的服务费收入等。地方财政向消费者提供的许多产品或服务具有垄断性，因此，这些消费者也就无法用“货币选票”来表示他们对地方财政提供产品或服务的满意程度。

③社会责任的强制性。在实践中，社会责任并不是企业的必然责任。但对地方财政部门来说，履行社会责任是基本职能，一方面履行社会责任是地方财政自我价值实现的根本途

径，也是地方财政价值实现程度的重要标志；另一方面，地方财政的资金来源主要是税收，地方财政部门也渊源于社会公共价值取向，社会公共价值取向内在地要求地方财政部门承担社会责任。

④服务决策的约束性。企业只提供那些它们认为能够增加它们收益的商品和服务。对于地方财政而言，向人们提供特定的服务，是法律法规的要求，或者基于政府的公共责任而产生的期望压力。法律和行政的约束已成为指导地方财政达到其目的的社会手段。所以，地方财政在提供公共服务时，一般不能出于成本考虑，或认为公众不应该享受这类服务而拒绝提供。

从内部控制的一般概念而言，地方财政部门的内部控制与企业组织内部控制也是相似的。无论是地方财政部门的内部控制与企业组织内部控制，都是静态程序与动态过程的统一，都是为实现特定目标而建立的一个保障系统，组织中的每个成员都是责任主体，都是由多个要素构成。从静态上讲，地方财政部门内部控制是指地方财政部门为履行职能、实现总体目标而建立的保障系统，它体现为与行政、管理、财务和会计系统融为一体的组织管理结构、政策、程序和措施。从动态上说，地方财政部门内部控制是地方财政部门为履行职能、实现总体目标而应对风险的自我约束和规范过程。对于地方财政的内部控制内涵应从以下几个方面加以理解：

①地方财政内部工作人员在内部控制设置、执行及保持内部控制有效方面发挥重要的作用。每个工作人员对内部控制的理解、沟通和执行不一致，个人工作岗位环境、工作能力、需求、地位不同，都会影响内部控制的执行及其效果。

②地方财政部门内部控制只是一种合理的保障，而不是绝对的保证。

③地方财政内部控制是受政治、经济、科学技术等外界环境影响而不断变化与不断更新的过程。

④地方财政部门内部控制与地方财政风险管理是两个相互

融合的过程。

尽管地方财政部门与企业组织在内部控制形态、方式、方法上相似，但地方财政部门在内部控制理念、价值、效应等方面具有很多不同于企业的特征：

①以满足公共利益为中心控制目标。地方财政是管理公共事务和提供公共服务的公共部门，民众的税收支撑它的存在与运转，地方财政部门内部控制的中心目标是公共利益最大化。

②以促进社会公平为伦理控制核心。地方财政部门处于社会资源再分配领域，地方财政部门有责任对社会弱势群体和个人实施救济，以克服市场资源分配不公问题，地方财政的伦理控制核心是促进社会公平。

③既追求社会效率，也追求社会公平。地方财政部门不仅要促进社会公平，而且要提高社会效率。地方财政内部控制的价值取向是社会效率和社会公平之间的平衡。

综上所述，地方财政部门目标的多元化、资金来源的无偿性、组织架构的封闭性、社会责任的强制性、业务决策的约束性等特征，决定了地方财政内部控制的目标、原则、要素等内涵性的内部控制元素与企业内部控制是不同的。

5.2 地方财政内部控制目标

对于企业部门的内部控制目标而言，美国COSO委员会于1992年公布了其第一份研究报告《内部控制——整合框架》（以下简称COSO1992报告）认为：企业内部控制是由董事会、经理层以及其他员工实施的，为财务报告的可靠性、经营活动的效率和效果、相关法律的遵循性等目标的实现而提供的合理保障的过程。企业内部控制是为了实现三大目标：财务报告的可靠性、经营活动的效率和效果、相关法律的遵循性。2004 年，COSO 委员会结合《萨班斯—奥克斯法案》（Sarbanes—Oxley Act）在报告方面的要求，将《内部控制——整合框架》发展为《企业风险管理——整合框架》（以下简称 COSO2004 报告）。该框架认为：风险管理是一个过程，它由公司董事会、管理层以及其他员工执行，适用于公司战略的制定和整个公司范围，用来识别可能对公司产生影响的潜在事项，并将风险控制在企业可以承受的水平以内，为公司目标的实现提供合理保证。这些目标包括四类：战略目标、运营目标、报告目标、合规目标。

《美国政府审计准则》认为，内部控制审计的目标中，包括通过内部控制对下列方面提供合理保证的程度：①有效完成组织的任务，达到目的和目标；②遵循法律、法规或其他规定使用资源；③保护资源，防止未经授权的获取、使用或处置；④出具的管理信息和公共报告是否完整、准确而其与绩效和决策相一致，例如绩效评价报告；⑤计算机信息系统在防止或及时地发现未经授权的接触方面的安全性；⑥信息系统的未经允许的对信息系统所支持的活动和功能进行干扰的应急计划。

在借鉴 COSO 两份报告的基础上，我国《企业内部控制基本规范》（2008）认为，内部控制是由企业董事会、监事会、经理层和全体员工实施的、旨在实现控制目标的过程。内部控制的目标是合理保证企业经营管理合法合规、资产安全、财务报告及相关信息真实完整，提高经营效率和效果，促进企业实现发展战略。

最高审计机关国际组织（the Inter - national Organization of Supreme Audit Institutions，简称 INTOSAI）在《内部控制：政府责任的基础》中认为，内部控制或管理控制有助于保障政府机构：①遵守法律、法规，执行管理指示；②促进有序地工作，提高工作效率，达到预期效果；③维护资源安全，防止舞弊、浪费、滥用和不当管理；④提供与机构使命相符的产品和服务，提高产品和服务的质量；⑤形成可靠的财务和管理信息，保持信息披露的真实性和报告的及时性。INTOSAI 认为内部控制体系的目标是促进有序、节约、高效、有效地经营，防止资源因浪费、滥用、管理不善、失误和欺诈而受损失，坚守法律、法规和管理指令，建立并维持可靠的财务和管理数据并及时报告披露这些数据。①

梳理上述部门的内部控制目标对于地方财政内部控制目标的建立有着非常重要的借鉴意义。尤其是企业内控目标与地方财政内控目标有融合，但同时也存在差异，这种差异的原因是由于企业部门与地方财政部门的组织目标、资金来源及运行方式不同而造成的。

地方财政部门内控目标就是地方财政内控系统为地方财政实现的目标。在实践中，结合地方财政管理的内容及特质，地方财政内控目标可以简述为：

①保证财政目标的可行性与现实性。财政目标是一定时期地方财政运行的方向，它的科学化程度直接关系到国家经济、政治以及社会各个领域的发展。财政目标的制定受宏观与微观环境的影响，财政目标实现的过程也一定会面临各种情况的考验，而一个完善的地方财政内控制度能够一定程度上保证财政目标的可行性和可操作性。

②保证财政政策的遵从性和适当性。在每一阶段地方政府管理决策部门会根据经济、社会发展的需要，制定相应的财政政策、财政运行计划和运行程序。作为地方财政部门而言，必须要遵循宏观的财政政策安排以及具体的运行计划和程序，而在实践过程中，财政环境或目标的变化可能会导致一些财政内部制定的具体运行、管理计划和程序发生不合时宜的现象，那么，通过内部控制机制可以进行检测、反馈及修正，进而保证

① 国际货币基金组织：《财政透明度》，人民出版社 2001 年 12 月版。

具体财政计划、程序的适宜性。

③保证财政资源运行的经济性、有效性及安全性。地方财政运行系统拥有或控制的资源是有限的，要想实现财政目标的财政成本最小化与财政效益的最大化，必须尽可能地减少有限财政资源的消费及其低效率的运行，要做到财政运行硬件的充分利用，财政人力资源的合理配置，要科学进行财政决策，减低或消除随意性财政行为，制定严格的财政资金管理程序等，保证财政资源运行的经济性、有效性及安全性，这些都有赖于内控制度的实施。

④保证财政信息的可靠性和完整性。财政信息系统主要包括两大部分：财政资金运行信息系统，其主要功能是提供财政管理中财政资金运行过程中的预算报告和成本报告在内的一系列财务会计报告；财政管理信息系统，其主要功能是收集财政管理过程中各方面有关的信息并生成各个层次的管理活动报告和责任报告等。地方财政管理内部控制目标之一就是要保证这两个系统所生成的各种信息的可靠性和完整性。

⑤保证地方财政部门的产品和服务的质量。地方财政部门提供的产品和服务为公共产品，消费者无法用“货币选票”来决定产品和服务的质量，通过内部控制的有效监控，保证地方财政部门能够提供与地方财政使命相符的产品和服务，提高产品和服务的质量。

⑥保证地方财政部门的公信力。对地方财政部门的资源配置、各职能机构的运行以及内部各项活动进行约束和调节，使之按照设定的轨迹和目标运行的过程，可以较好地压缩个人自由裁量权存在的空间；地方财政内控制度中的信息循环反馈及不断修正机制的设计，将会使各地方财政部门的绩效评价体系不断得以完善，提升地方财政部门职能的公信力。

具体而言，地方财政内控制度的目标包括：保证地方财政部门战略目标的实现；保证国家财政政策及财政部门各项规章制度的贯彻执行；确保各种财政业务执行、资金运行和其他管理信息的及时、真实和完整；保护地方财政部门资产的安全、完整以及有效使用；预防和控制各种错误和弊端，及时采取有效纠正措施，防范财政管理中的各种风险，提高财政部门运行效率。地方财政内控制度目标框架如图 5 -1 所示。

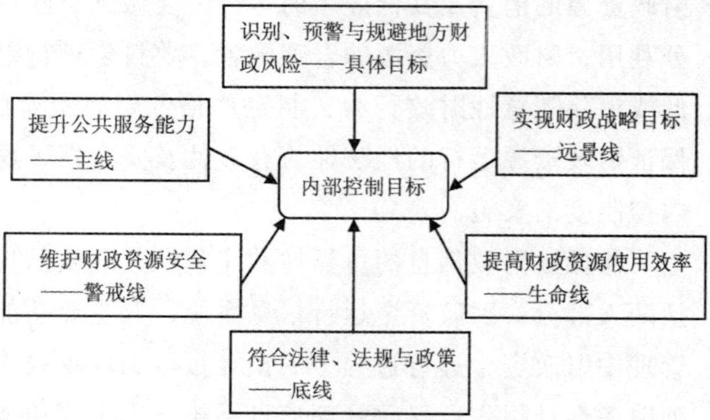

图 5 -1　地方财政内控制度的目标框架

从对地方财政内部控制内涵及目标界定可以看出，随着对价值、责任、信任和授权的认可加强，内部控制被认为是一个有活力的、不断发展的系统，内控制度要保证地方财政部门行为符合国家的法律、法规与政策，帮助地方财政部门实现财政战略目标，通过提高财政资源使用效率，来提升地方财政公共服务能力，通过识别、预警与规避地方财政风险，来维护财政资源安全。

5.3 地方财政内部控制原则

地方财政内控制度构建与执行必须遵循一定的指导思想，这些指导思想就是地方财政内控制度构建的原则。这些构建原则不仅对地方财政部门设计地方财政内控制度来讲是十分重要的，而且还是判断内控制度优劣的标准。最高审计机关国际组织（the Inter - national Organization of Supreme Audit Institutions，简称 INTOSAI）（1992）颁布了有关内部控制标准的一套指导原则，见表 5 - 1。[①]

表 5 - 1　INTOSAI 关于内部控制标准的制度原则

INTOSAI 颁布了一系列一般的和具体的标准，界定内部控制体系的最低可接受水平。

一般标准

• 对该组织的每项活动规定了具体的控制目标，这些目标是适当的、全面的、合理的，并且将纳入该组织的总体目标。

• 管理人员和雇员对这些标准始终保持合作态度，并且具有达到这些标准的诚信和足够的能力。

• 该体系对达到内部控制体系的目标提供合理的保证。

• 管理人员将不断监测其运行并在必要时立即采取补救措施。

具体标准

• 提供有关全部交易和有关控制体系本身的全面文件，管理控制结构、所有交易和重大事件都应清楚地记录，而这些文件易于核查。

• 应立即、适当记录交易和事件。

• 应对交易和事件的进行予以适当的授权，同一个人在以下几个方面只能负责其一：授权、处理、记录和复查各项交易和事件。

• 交易的不同阶段的主要责任应在不同的人之间划分。

• 提供足够的监管，以便确保实现控制目标。

• 只有得到授权的、负责资源和记录的保管或使用的个人，才能获得这些资源和记录。

在企业部门内部控制的设计与执行过程中，为了保证企业内部控制的有效性，也必须遵循一些基本原则。而西方的内部控制研究一般都缺少对内部控制原则的阐述，我国发布的《企业内部控制基本规范》认为，企业建立与实施内部控制，应当遵循全面性原则、重要性原则、制衡性原则、适应性原

① 国际货币基金组织：《财政透明度》，人民出版社 2001 年 12 月版。

则、成本效益原则。

在实践中，企业内部控制的原则中的制衡性原则、适应性原则和成本效益原则同样适用于地方财政内部控制。此外，地方财政部门的内部控制以满足公共利益为中心控制目标；以促进社会公平为伦理控制核心；既追求社会效率，也追求社会公平；既影响宏观经济，也影响公众信誉，对于不以营利为目的、向社会提供公共服务的地方财政来说，在内部控制的设计与执行过程中，还应该遵循服务精神的原则、公开透明的原则、公平性的原则、成本效能的原则、整体协调的原则。具体内容包括：

（1）适应性原则

财政内部控制制度必须以国家的法律法规为依据，在国家的财经法规制度范围内，制定适合本财政部门的内部控制制度。这一制度对外要适应国家的宏观经济发展、产业的发展和市场经济环境；对内要适应本部门的目标计划、职能结构、业务流程等现状，并根据财政部门实际情况及其变化，及时进行修改和完善，使其具有很强的可操作性。

（2）体现服务精神的原则

其组织目标是为了能够向其公民提供更多更好的产品或服务，所以，保证其服务精神是地方财政内控制度要遵守的首要原则。具体而言，地方财政部门在构建内部控制制度时，要细分各部门的服务目标，重点防范实现这些服务目标过程中的关键风险点；在执行内部控制制度时，要以公共服务质量为主线，重点预警与控制影响地方财政部门公共服务质量风险的发生，坚定执行拟定的内控措施。

（3）体现公开透明的原则

良好的公信力是地方财政部门的品牌，而地方财政实现这一品牌的基本要求和核心思想是其管理信息与业务信息的公开透明，地方财政部门除涉及国家机密外的信息，从组织框架、业务活动、资源使用及绩效信息等都应向社会公众开放。具体而言，地方财政在构建内部控制制度时，重点对内部信息与外部信息的交流与沟通要求及途径给予明确的说明；在执行内部控制制度时，要以提升公信力为出发点，重点关注信息的反馈，特别是公众外部信息的反馈质量，并作出及时的处理，塑造地方财政的公信力。

（4）体现公平性的原则

地方财政部门管理的特征、目标和责任的公共性标准使效率不一定会成为地方财政部门的核心原则，基于此，地方财政在整个内部控制制度构建过程中，应扩充一般意义上的“经济性”、“效率性”及“效果性”的标准体系，融入“公平性”、“回应性”等价值元素；在执行内部控制制度时，把提供产品与服务过程的非公平性作为关键风险点进行预警与规避，从而体现出地方财政部门的本质特征。

（5）遵守成本效能的原则

效能是衡量公共服务的一个重要指标，效能关心的问题是“情况是否得到改善”，它通常是指公共服务标的的程度，如福利状况的改变程度、民众的满意程度、政策目标的成就程度等。地方财政与目标特征使其内控制度的制定与执行必须遵守成本效能的约束。具体而言，地方财政部门应针对关键风险点发生的概率与资源的损失程度，制定较低成本的内部控制措施，并在执行内部控制制度时关注所取得的效能程度。

（6）牵制制衡原则

控制最原始的功能就是相互牵制，这一原则就是在落实内部管理职责时要体现不相容职责的分离，各个职能部门要合理进行特定的职责分工，互不相容职责的科室之间、上下管理层级之间能各负其责，相互制衡，要求对财政运行过程任何业务及财政事务的处理必须经过两个或者两个以上部门或负责人，以实现相互约束和相互监督。其中，要重点突出“限制接近、记录控制、独立稽核”等内部控制要素：一切职能接近的科室必须合并，所有日常管理工作必须实行记录控制，系统内的财政监督机构和系统行政监察机构必须对内部监督负责。

(7) 整体协调原则

为了保证地方财政系统运作的连续性和信息传递及反馈的畅通性，在设置内部分工，调整内部机构布局以及程序设计时要确保机构不重叠，职能不交叉，运行程序畅通优化，能最大限度地体现内部分工布局的合理性，体现出程序设计的科学性、连续性、一致性。在实践中，还要充分考虑管理协作中各个方面的控制，保证地方财政内部横向和纵向的协调，既要有远期规划，又要重视短期目标及与其他控制制度的协调性。

5.4 地方财政内部控制假设

国内外学者对内部控制研究过程中，一般都侧重于提出内部控制的目标和要素等内部控制基本概念，但是，却忽略了内部控制、原则假设等概念。侧重于内部控制目标的内部控制研究优点显而易见，贴近实践，目的明确，有利于发挥内部控制的应有功能，但是忽视了内部控制原则、假设等基本概念，不利于发挥内部控制理论指导实践的作用。

内部控制假设是针对内部控制环境中的一些未知因素作出的一些合乎情理的逻辑推断。最早对内部控制假设进行探索的是美国学者罗伯特·西蒙斯，他认为内部控制系统的假设条件包括以下方面：

①每个人都有固有的道德缺陷，所以有必要使用内部控制以确保资产的安全和信息的可靠。

②有效的内部控制能够使潜在的不轨者害怕被发现，从而对舞弊行为产生威慑力。

③独立的个人能够识别并报告他所发现的异常情况。

④要求其他人参与舞弊有很高的风险，所以数人共谋的可能性很低。

⑤正式的任命和说明决定了组织中个人的权限。内部控制认为权力和影响来自高层管理层，因而，员工会把关于控制的缺陷和异常情况反馈给管理层。

⑥在业绩目标和产生的正确信息之间不存在固有的矛盾。

⑦记录和文件是行为和交易的证明。内部控制把文件和电子记录作为正式交易的凭证。如果这些凭证是伪造的或不正确的，那么就无法保证交易被正确记录。

我国学者潘琰和郑仙萍在反思罗伯特·西蒙斯假设条件的基础上，提出了内部控制四大基本假设：控制实体假设、可控性假设、复杂人性假设和不串通假设，其中控制实体假设界定了内部控制活动的空间范围，可控性假设和不串通假设规定了内部控制有效发挥作用的前提，复杂人性假设解释了内部控制存在必然性和合理性，它们共同对内部控制主体、客体和媒介产生作用，从而为内部控制理论研究提供支持并推动实践的发展。

在罗伯特·西蒙斯、潘琰和郑仙萍对内控假设研究的基础上，结合地方财政业务与管理的特质，我们认为地方财政内部控制假设包括：

①控制实体假设。控制实体是指进行内部控制活动的主体，它规范了内部控制活动的空间范围。对于地方财政部门来说，其内部控制的界限并不简单地局限于地方财政部门的物理边界或法律边界之内，而取决于地方财政部门目标对其的定位和要求，它可以是单一的组织、一个部门或者分支机构，也可以是因共同使命而形成的一个地方财政部门集体。

②可控性假设。可控性假设是指在地方财政部门内部控制系统中，控制主体通过控制手段，是可以使控制对象向控制目标转移的。但是，在可控性假设之下，各组织的可控程度是有较大差异的，因为控制实体是否稳定、控制主体是否拥有相应

的控制权、所确立的控制目标是否正确、所选取的控制手段是否恰当等都会对可控程度产生影响。

③复杂人性假设。复杂人性假设是指在地方财政部门中的人是有限理性的，他们具有双重人格，其经济的一面导致其具有最大化自身利益的动机和机会主义倾向，所以需要内部控制来控制人；其道德的一面导致其具有能有意识克制私欲，纠正行为偏差的倾向，所以内部控制才能控制住人。

④不串通假设。不串通假设认为除非存在反证，地方财政部门的相关人员都不会合谋，这是对复杂人性假设的补充，是对内部控制固有缺陷的解释和补充。如果人与人之间会串通舞弊，那么无论设计多么完美的内部控制都将失效，也就没有必要建立健全内部控制。

5.5 地方财政内控制度框架

科学有效的内部控制作为一个系统，是由一定的框架及要素构成的。内部控制框架要素及其构成方式，决定着内部控制的内容与形式。目前，国际上关于企业部门的内部控制框架有美国的 COSO 报告、英国的 Cadbury 报告、加拿大的 COCO 报告等。其中美国 COSO 委员会的《内部控制——整合框架》（IC—IF）报告得到了广泛的认可。在 1992 年的报告中 COSO 提出了企业内部控制由控制环境、风险评估、控制活动、信息与沟通、监控五个要素构成；而在 2004 年的报告中 COSO 又提出企业风险管理由包括内部环境、目标制定、事件识别、风险评估、风险反应、控制活动、信息与沟通、监督八个要素构成。这一企业风险管理八要素，只是对五要素的拓展，增加的目标制定、事件识别、风险反应三个要素加上原有的风险评估，统称为风险要素，目的是为了更清楚地表达风险管理过程。在借鉴 COSO 两份报告的基础上，我国《企业内部控制基本规范》认为，企业内部控制应当包括内部环境、风险评估、控制活动、信息与沟通、内部监督五要素。

无论是企业单位还是如地方财政一样的非企业单位，都是人们按照一定的目的、任务和形式组建起来的社会群体。对于一个组织来说，内部控制制度是其到达目标，控制风险的一个策略，这种策略对于任何一种类型的经济组织都是适用的。由于组织的共同特征，内部控制在不同类型的经济组织中运用时，其总体思路和框架结构应该是一致和相似的，但是不同类型组织的差异性特征将导致内部控制框架的具体内涵不同。在构建地方财政内部控制框架时，我们以 COSO1992 年报告的内部控制框架为基础，结合 COSO2004 年报告中的风险管理要素，将地方财政内控制度构建成包括控制环境、风险识别、风险评估、控制活动、信息与沟通、内部监督、成熟度测评与改进七个框架要素在内的体系，如图 5 - 2 所示。

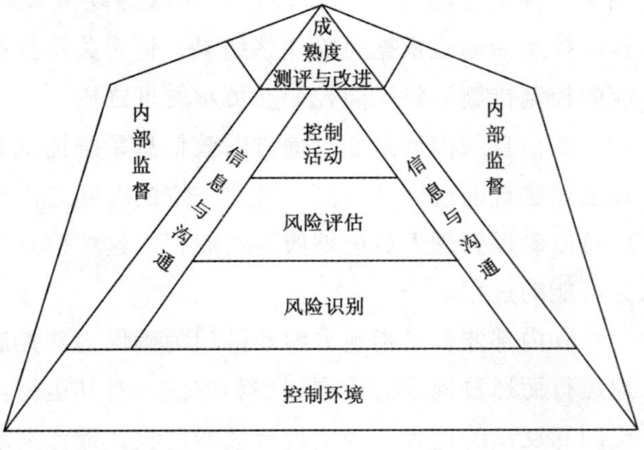

图 5 - 2　地方财政内部控制框架图

图 5 – 2 中展示的地方财政内部控制框架中的每一个组成要素都具有特定的内涵，共同构建了能对地方财政风险识别、预警与规避的内控制度体系：

①内部控制环境既是推动内部控制工作的发动机，也是决定其他内部控制框架的基础。地方财政内部控制环境是对地方财政建立和实施控制的特定政策和程序效率产生重要影响的各种因素的统称，主要功能是设定组织管理的基调、影响着管理人员的控制管理意识、提供控制纪律和结构。

②地方财政在运作过程中面临的风险是多方面的，对这些风险信息需要给予基本的集结，而这种集结要涵盖其所有来源及分类，内控制度中的风险识别模块要对地方财政运行中的制度环境风险、业务流程风险与决策行为风险制定路径与方法进行识别。

③风险评估作为构建地方财政内控制度六大模块之一，它是在对地方财政业务模块中的关键风险点进行充分识别的基础上，对关键风险点相关元素进行计量、分析、判断、排序的过程。

④地方财政内部控制活动是指地方财政部门针对风险以及确保其各项管理目标得以实现而采取的政策及程序。具体而言，控制活动是根据风险评估结果，针对关键控制点，采用相应的控制措施，将风险控制在可承受度之内。

⑤信息与沟通是通过地方财政信息系统提供有关资源运行和法律法规的遵守等信息，并在一定的时间之内明确传达相关信息以确保管理人员能够履行其职责，这些信息使管理控制成为可能的过程。

⑥内部监督是指地方财政部门为确保内部控制能持续有效地运行而通过规定的检测程序和方法，对其运行情况进行持续检测和反馈的过程。为实现有效的监控，地方财政应建立有效的内部控制监督与评价体系，对内部控制进行检查评价，对内部控制目标实现程度，法律、法规及监管要求的遵循程度，以

及其他不良事项的内部控制情况等进行监督、记录及处理。

⑦成熟度测评与改进是为了能够准确地评价各级地方财政部门内控框架、运行过程及结果的质量，建立的对地方财政内控能力成熟度等级的测评体系，使各级地方财政部门的内控实践得以不断地修正。

第6章

地方财政内控制度要素：内控环境

诺思将制度分为正式制度与非正式制度两类，正式制度包括政治规则、经济规则和契约。它们是一种等级结构，从宪法到成文法与普通法，再到明确的细则，最后到个别契约，他们共同约束着人们的行为。而非正式制度是对正式制度的扩展、细化和限制，主要包括：价值信念、伦理规范、道德观念、风俗习惯、意识形态等。在实践中，宪法秩序是第一类正式制度，它是具有普遍约束力的一套政治、经济、社会、法律的基本规则，是制定规则的规则；而一些制度安排是在宪法秩序下约束特定行为模式和关系的规则，具体指各种法律和制度；而另外一些规则性行为准则是源于意识形态的习俗和伦理道德原则，是赋予宪法秩序和制度安排的合法性的基础。

在现实中，每项制度总是处在一定的环境中并受环境所影响。同样如此，地方财政内控制度本身就是一种正式制度的安排，良好的地方财政内控制度可以带来识别、预警及规避地方财政风险等制度收益，这也是内控制度所追求的核心价值，它的实现需要宪法秩序、各种法律及规范性行为准则等正式制度环境作为保障，同时，它又会受到社会的价值信念、伦理规范、道德观念、风俗习惯、意识形态等非正式制度的影响，它也是存在于政治、经济、社会、习惯、风俗、心理环境中的制度系统。地方财政内控制度和制度环境之间始终处于动态的平衡状态，这种平衡是地方财政内控制度对环境要求的满足，以及通过制度引导来构建相应的制度环境以促进理想化地方财政内控制度的实现而达到的。

6.1 地方财政内控环境及内容

控制环境是对内部控制的建立和实施具有重要影响的内、外部环境因素的统称，内部控制环境既是推动内部控制工作的发动机，也是决定内部控制框架的基础。内部控制环境包括外部环境与内部环境。外部环境是指内部控制体系建立与作用发挥的外部控制氛围，包括内控主体所面临的政治制度、应遵循的法律法规等正式制度，也包括民族文化、风俗习惯等非正式制度，外部环境不是控制主体自身能够决定的。而内部环境是指影响内控主体的内部控制体系建立与作用发挥的各种因素，一般包括治理结构、机构设置、权责分配、内部审计、人力资源政策、组织文化等（见表6-1）。

表6-1　企业内部控制环境元素

文献出处	对内控环境的描述
COSO（1992年）报告	诚信的原则、道德价值观、评定员工的能力、董事会和审计委员会、管理哲学和经营风格、组织结构、责任的分配与授权、人力资源政策及实务

续表

文献出处	对内控环境的描述
COSO（2004年）报告	风险管理理念、组织的风险偏好、组织的风险文化、企业风险管理和董事会、诚信和道德价值、企业风险管理胜任能力承诺、管理的理念和经营风格、组织结构、权责划分、人力资源政策和程序
我国的《企业内部控制基本规范》	治理结构、机构设置及权责分配、内部审计、人力资源政策、企业文化等

注：根据相关文件整理而成。

地方财政内部控制环境是对地方财政建立和实施内控制度产生重要影响的各种因素的统称，它是地方财政内部控制的基础。同样，地方财政内控环境包括外部环境与内部环境，地方财政内控制度的外部环境是地方财政部门建立内部控制要遵循的正式制度与顺应非正式制度的总和。当前，财政外部环境传递出两方面的信息：其一是财政制度构建及运行正由过去的过多关注“经济效率”向未来将更多关注“社会公平”转变；其二是致力于均衡、稳定与和谐的经济、政治及文化氛围将是各层级财政长期努力的目标与约束规则。在我国，构建地方财政内控制度，首先要面临的外部环境是中央与地方财政关系的处理问题，其中最重要的是要保证地方财政运行的自主权，即在实践中，政府间的事权与财权划分一旦确定，除了行使法律框架内的监督权外，上级政府对下级政府的财政行为不能随意控制，更不能以行政命令方式强加无资金来源的财政项目。[①]只有这样，构建起来的地方财政内控制度才能不受干扰，有效率地独立运行。

而地方财政内控制度的内部环境是指地方财政部门内部影

① 田志刚、吴禄金：“完善中央与地方财政关系的制度路径与策略”，《税务研究》2013年第7期。

响地方财政内控制度建立与作用发挥的各种因素。从大的内部环境而言，地方财政部门应该树立财政制度的演进将遵循科室财政到民生财政再到民主财政的理念，[①] 为未来财政运行模式——民主财政打造契合的财政管理制度。从具体的内部环境而言，其主要功能是设定组织管理的基调、影响管理人员的控制管理意识、提供控制纪律和结构。因此，地方财政内控的内部环境应该主要包括地方财政的职能定位、组织架构、人力资源、组织文化、社会责任、内部审计、职业道德、胜任能力等。其中：地方财政的职能定位和组织架构是控制环境的基础，人力资源和组织文化是控制环境的支撑，内部审计、职业道德、胜任能力是控制环境的手段。具体可以分解为以下内容：

①地方财政部门管理的理念、诚心原则和道德标准。决策层在建立控制环境中一般起着关键性的作用，管理当局对风险的态度及采取的措施、对目标的重视程度、偏离目标行为的容忍度以及对相关报表的态度等极大地影响着其管理的理念；严格的诚信原则和道德标准，不管是管理的决策层还是一般管理人员都应该做到，将可能发生不诚信、不道德以及非法的行为动机降到最低点。

②地方财政部门管理人员的业务素养以及工作的胜任能力。在管理控制实践中，地方财政部门必须根据部门工作职责、控制制度实际执行的需要、每个管理人员的业务素养以及工作的胜任能力，制定正式的职务说明书，细化各个岗位所必备的知识和技能。

③地方财政部门内部控制组织机构的设置。设置合理的组织机构，有助于建立良好的内部控制环境，地方财政部门的内部组织机构至少包括：组织形式与性质、组织人员配置、各组

① 田志刚、廖强："我国财政制度研究的思想脉络、演进及选择：1994—2010"，《当代经济研究》2011年12期。

织的责任权限的分工及协调。

④地方财政部门内部责任的分配与授权。地方财政部门的所有活动都要具备有效合理的职责和权限分配，明确规定相关工作的职责分配与授权批准的范围、权限、程序、责任等内容，各级管理人员必须在职责及授权范围内行使职权和承担责任，经办人员也必须在职责及授权范围内办理业务。

⑤地方财政部门的管理人员资源政策。要完善地方财政部门的管理人员录用、考评、奖励、提拔、任前公示、培训机制。

⑥地方财政部门组织文化与社会责任。加强财政文化建设，培育积极向上的价值观和社会责任感，倡导诚实守信、爱岗敬业、开拓创新和团队协作精神，树立现代管理理念，强化风险意识和服务意识。

6.2 地方财政内控环境的控制节点

就地方财政内部环境控制的关键风险点而言，具体包括：对组织结构控制、对管理人员的控制、对内部职务分离的控制、对内部授权批准的控制。需要特别指出的，地方财政每个部门的一把手在内部控制中的责任包括：建立和完善内部控制体系，制定内部控制的各项政策和程序；负责对内部控制进行测试和评价，并编制内部控制评价报告；负责内控控制程序的有效执行，对违反内部控制程序相关人员进行责任追究。

6.2.1 对地方财政部门的组织结构控制

对地方财政部门的组织结构控制，具体是指对地方财政部门内部机构设置的合理性和有效性进行的控制。组织结构对地方财政有效实施内部控制是至关重要的，一个完整高效的地方财政组织结构，可使地方财政系统中的人流、物流、信息流正常流通，使部门目标的实现成为可能。在实践中，地方财政部门的组织结构设置，本质上应取决于地方财政基本职能履行的需要，由于长期的业务运转，地方财政部门已经形成了常规性的业务模块，从而形成了稳定的组织结构体系，如财政厅的业务部门一般包括：财政结算中心、政府采购处、综合处、税政法治处、经济建设处、企业处、外经金融处、行政政法处、科教文处、社会保障处、农业处等；区县的财政局的相关科室一般包括：办公室、预算科、国库科、综合科、农业科、经建科、企业科、社保科、文行科、会计科、监督检查科、采购办、结算中心等。在实践中，财政部门的具体处（科）室都具有不同范围的职能与岗位职责。

对地方财政部门的组织结构控制，主要对权责分工、岗位职责、职责分解、权责匹配、组织结构变化等方面的控制，具体而言，主要的控制手段包括：

①采取合理的组织方案，明确划分各部门内部机构的权力、责任的边界；

②根据具体的实际情况建立合理的组织结构，明确部门机构间的相互关系，具体形式有直线型、职能型、事业型、网络型等；

③绘制组织系统图，正确反映部门内部机构的垂直领导关系和横向协作关系，使组织系统中的人流、物流、信息流正常流通，使组织目标的实现成为可能；

④评价现有组织结构的合理性，提出改进建议并报上级审批，按照规定程序经审批后实施；

⑤地方财政部门对各处（科）室的职责要进行规范，形成较为全面的《职责规范》，同时对职责描述的形式和涵盖要素内容等进一步规范，以此作为各部门履行职责和行使职权的

依据。

6.2.2 对地方财政部门管理人员的控制

地方财政部门管理人员的控制具体是指采取一定的方法和手段对地方财政管理人员的思想品德、职业技能的控制，保证管理人员的素质与其所承担的工作岗位的要求相匹配。关键控制点包括管理人员行为准则和道德规范、高层管理基调、与利益相关方的关系、管理层对干预或逾越既定控制的态度、对违规行为的处理、职业技能高度以及岗位能力等。内控措施主要包括：

①健全管理人员录用、任免机制，根据管理人员的品德及技能来分派其工作，做到人尽其才；

②实行任前公示制度，通过网络、局域网发布公告或召开会议等方式，对管理人员实行任前公示，增加选拔任用的透明度；

③建立考核奖惩制度，提高管理人员的责任心，激励管理人员积极向上并围绕地方财政部门总体目标而努力；

④建立完善的培训、再培训及挂职锻炼机制，注重人力资本开发，不断更新管理人员的业务知识；

⑤建立职务轮换制度，以有利于全面检查在岗工作情况，并有助于培养管理人员全面工作的能力；

⑥开展关于职业道德规范方面的岗前教育培训，对员工实施职业道德管理，对出现的违规行为进行处理；

⑦要建立地方财政风险管理理念，确定地方财政风险偏好程度，营造地方财政的风险文化，并将地方财政的风险管理和部门运行结合起来。

6.2.3 对地方财政部门内部职务分离的控制

对地方财政部门内部职务分离的控制指对于地方财政部门内部的不相容职务必须进行分工负责，不能由一个人同时兼任。主要包括：

①授权批准执行与业务执行相互分离；

②业务执行与业务记录相互分离；

③业务执行与审查稽查相互分离；

④保管业务与记录财务相互分离；

⑤保管财务与财务清查相互分离；

⑥记录总账与记录明细账相互分离。

6.2.4　对地方财政部门内部授权批准的控制

对地方财政部门内部授权批准的控制指地方财政内部管理人员必须经授权和批准才能对有关的财政业务进行处理，但在其职责范围和业务处理权限内，不需经过批准授权便可以处理业务。主要包括：

①日常和例行性工作交下属处理；

②授权要与职责范围相互匹配；

③授权要有利于总体利益和管理人员的培养；

④授权必须受到有效的控制。

另外，地方财政部门要确保监督职能人员、财务人员、信息系统管理人员队伍的稳定，杜绝这些关键人员频繁更换情形的出现。

6.2.5　对地方财政部门的遵照执行度控制

在财政活动的承诺阶段，要核实财政计划是否得到了程序化的批准，运转的财政资金是否合乎规定的用途及记入正确的科目；在财政执行过程中，是否按照合法的程序运转，在财政收支过程中，各种票据是否齐全，财政活动是否得到了有效的严格的遵守；在财政活动之后需要对财政收支等活动进行检查和细查并汇报财政部门对财政活动的遵照执行情况。

对地方财政部门的内控制度的遵照执行度也要控制。内部控制应涵盖地方财政内部各项业务、相关部门和相关岗位，并应针对业务处理过程中的关键控制点，落实到决策、执行、监督、反馈等各个环节，内部控制必须约束地方财政部门所有人员，任何个人都不拥有超越内部控制的权力，管理层要严格自觉遵守内控制度的执行。

第 7 章

地方财政内控制度要素：风险识别[①]

风险识别作为地方财政内控制度的几大模块之一，就是科学地运用各种风险识别工具来对地方财政的制度环境风险、业务模块与流程风险及决策行为风险进行辨识、定位及描述的过程，它是地方财政部门进行全面风险管理的前提条件及首要步骤，也是构建控制环境、进行风险评估及拟定控制方案的依据，它的有效是内部控制制度构建能否成功的关键所在。

而地方财政部门在构建内控制度过程中，往往会对业务模块及流程进行较好地梳理，但随后的风险识别却成了盲区。一些财政部门在内部控制管理制度构建过程中只注重对财政部门业务流程的描述，而忽视对财政业务流程关键风险点的识别与寻求；更多的财政部门在风险识别过程中也只是依赖于业务经验的判断来感知风险的存在，缺乏科学合理的识别框架、路径及方法。基于以上原因，我们在获取相关研究成果并在与实践部门充分信息交流的基础上，尝试就地方财政内控制度中的风

① 田志刚："地方财政内控制度：风险识别框架、路径与方法"，《中国财经信息资料》2013年第22期。

险识别框架、路径及方法给予初步分析，期望能为财政部门具体识别业务模块及流程上的关键风险点有所贡献，进而为估测风险发生概率的风险评估以及规避风险发生的内控方案的拟定提供依据。

7.1 地方财政风险类型及诱因

地方财政风险是指地方财政在未来运行中面临的、可能影响其运行目标实现的所有不确定性。地方财政部门全面风险管理具体是指地方财政围绕总体目标，制定风险管理策略，在地方财政管理的各个方面和业务过程中的各个环节进行风险管理的基本流程，落实风险理财措施，培育良好的风险管理文化，建立健全风险管理的内部控制系统的过程和方法。地方财政风险管理的首要任务，就是确定目标。只有先确立了目标，管理层才能针对目标确定风险并采取必要的行动来管理风险。

在实践中，在地方财政部门有许多不同类型的目标，依据目标的内容、层次和目标的时间跨度这三个变量进行划分，可将其分为经济目标、环境目标和管理目标；组织目标和管理者目标；短期目标、中期目标和长期目标。确定全面风险管理目标要做到：风险管理目标应当与地方财政运行直接相关；地方财政风险管理目标的确定应要经过科学论证；地方财政风险管理目标要与财政战略计划具有关联性和一贯性；各财政业务活动目标之间要有一致性；所有重要业务流程与业务活动风险目标要具有相关性；业务活动风险目标要具体；管理层参与制定地方财政风险目标并对其负责。

确定风险管理目标后，要对地方财政风险进行整理与识别。一般而言，地方财政风险可以分为制度环境风险、业务流程风险与决策行为风险三大类。制度环境风险主要是指由于体制、政策制定与执行等方面的不健全与失误导致的地方财政拥有的各种形态的资源不足以履行承担的职责，从而给它的稳定与发展及信用造成不良后果的可能性。业务流程风险是指地方财政在具体执行业务流程时，由于业务流程设计的不科学、管理人员执行中的失误、业务执行过程中缺乏监管等因素的存在，使业务执行结果不符合预期目标并带来资源损失的不确定性。决策行为风险是指地方财政部门决策有时会科室化，缺乏理论根据与实地调研，使决策实践难免会失败的不确定性，又加之一些管理人员的道德资源缺乏，徇私舞弊行为的存在使公共职责无法有效实现的不确定性。

上述三大风险是相互关联的，制度环境风险构成了业务流程风险与决策行为风险发生的大环境，业务流程风险与决策行为风险有较强的依存关系。在实践中，这三大风险的诱因具体表现为：由于组织结构及业务程序的合规性不足，不能完全确保约束管理人员在法律、法规以及标准框架下进行业务活动；由于缺乏有效的监督及控制机制，加之相关人员的道德基础薄弱，不能完全确保其以合法合规的方式去开展工作等。综合而言，可以把诱发风险的因素归纳如图 7－1。

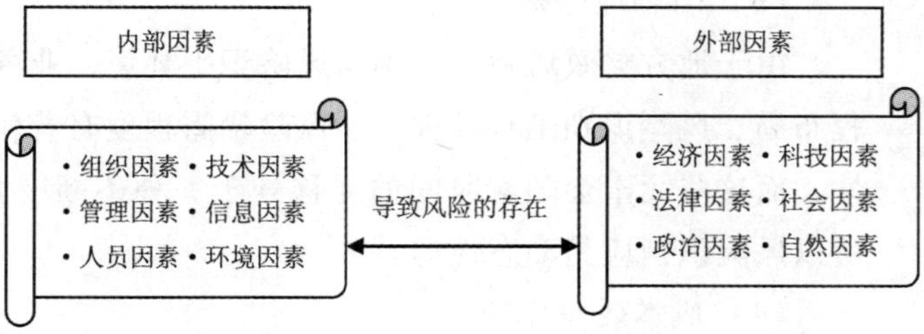

图 7－1　诱发风险的因素

从图 7－1 可以看出，诱发地方财政风险的因素是多重的，之前已经有过详细的论述。那么，地方财政内控制度中的风险识别制度要素就是保证对地方财政风险进行全面识别的模块。

7.2 地方财政风险识别的原则

在实践中，地方财政风险具有动态性、关联性、信息性及全面性等特征，所以，在对地方财政风险识别过程中要遵循一些原则，这样才能全面有效地识别出地方财政存在的风险。

（1）系统性原则

由于财政风险的发生是有关联性的，在识别地方财政风险时，不但要充分识别出每一业务节点上的关键风险点，而且要从整个业务活动的流程、顺序、内在结构关系上识别风险。

（2）完整性原则

在识别地方财政风险时，要尽可能地对整个业务模块及流程上的业务节点进行风险识别，形成一个完整的风险识别体系，这样才能避免因遗漏某些小的风险而连锁地引起更大的风险。

（3）动态性原则

由于地方财政风险的识别与风险识别环境、业务模块及流程布局、风险识别工具及程序、风险暴露程度有着较大的关联性，而这些元素会随着时间的迁移处于一种不断变化的状态，所以风险识别应是动态性的。

（4）成本效益原则

成本效益原则是风险管理应遵循的一个重要原则，在风险识别过程中，合理有效地选择最佳的风险识别方法及路径，以最小的风险识别成本获取最大的风险识别效果。

7.3

地方财政风险识别的基本框架

在实践中，风险识别是一个动态和连续不断重复的过程，它整个实施过程会受到风险识别环境、业务模块及流程布局、风险识别工具及程序、风险暴露程度等因素的影响，同时也会受到人们对风险的感知、对风险的偏好程度、对风险最终判断等价值元素的影响。有效的风险识别需要建立科学合理的风险识别框架，具体包含业务模块与流程的梳理、历史数据的整合、风险识别方法的选择、关键风险点的确认、绘制业务流程与关键风险点复合图，具体见图 7－2。

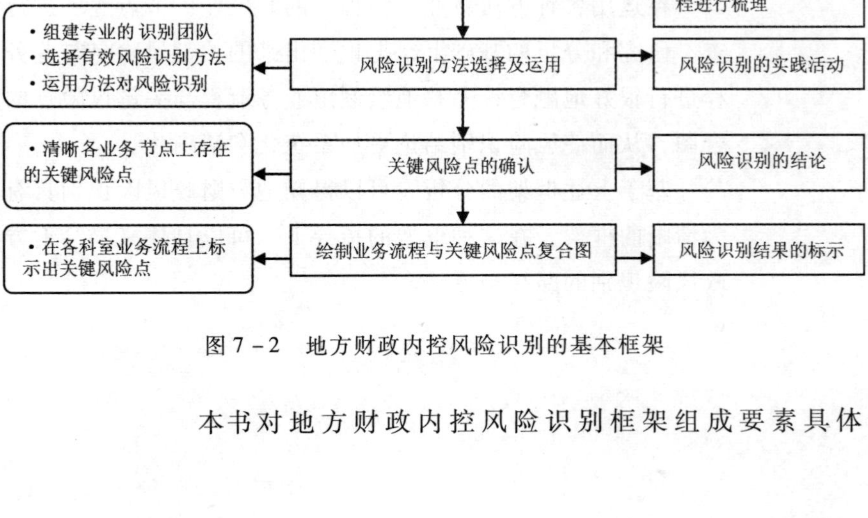

图 7－2　地方财政内控风险识别的基本框架

本书对地方财政内控风险识别框架组成要素具体诠

释如下：

（1）前提条件——业务模块及流程的梳理

业务模块及流程是风险识别的载体，只有对业务模块及流程上的业务节点充分认识，才能对业务节点上的风险点进行完整清晰地识别。具体包括：详细列出业务节点内容、清晰业务节点工作时间、描绘出科室业务流程图。

（2）历史风险数据的整合

业务节点上的历史风险数据是风险识别的依据，通过对历史风险数据的观察，生成事件汇总清单，能够使风险识别过程变得相对容易，也能使风险识别的结论具有更强的说服力。

（3）风险识别方法的选择与运用

风险识别是技术含量很高的实践活动，在内控制度构建过程中，需要组建专业的风险识别团队，选择并综合运用有效的风险识别方法，然后熟练运用这些方法对业务流程上的风险点进行识别。

（4）关键风险点确认

在运用各种合理的方法对业务模块及流程上的风险点充分识别后，存在一个关键风险点的确认过程，同时要分析出导致关键风险点存在的内外因素到底包括哪些。

（5）绘制业务流程与关键风险点复合图

在运用各种方法对业务流程上的每一业务节点逐一进行调查、研究和分析的基础上，把识别出来的关键风险点与业务流程进行很好地融合，完整地绘制出业务流程与关键风险点的复合图，从而使风险识别结论更加系统化和清晰化。

基于上述框架的分析，可以得知地方财政风险识别具有较为清晰的框架，在这种框架的指导下，可以具体来描绘地方财政风险识别的路径与方法。

7.4

地方财政风险识别的具体路径

地方财政风险识别应该是基于资源整合的全面管理过程，最简洁的方式是从业务流程分析出发，细化每个具体部门的业务流程，并剖析出每个业务节点的关键风险点，从而最终实现对流程节点风险的控制管理。具体的路径有：

（1）业务流程元素的精细化分析

包括了解具体部门的组织框架、业务目标及业务结构；梳理具体部门的业务流程图及制度体系；清晰业务流程中各主要业务职责及风险管理体系；明确各个业务部门的风险承受度。

（2）风险识别方法的正确选择

可用于地方财政风险识别的方法包括：问卷调查、集体讨论、专家咨询、政策分析、行业标杆比较、管理层访谈、历史损失事件数据法、业务经验判断、情景分析法、故障树分析法、头脑风暴法、集中趋势法、计算机模拟（如蒙特卡罗分析法）、失效模式与影响分析等。其中，情景分析法通过有关数字、图表和曲线等，对未来的某个状态进行详细地描绘和分析，从而识别引起系统风险的关键因素及其影响程度的一种风险识别方法，要经历情景的构建、情景开发、系统检验等过程；故障树分析法主要是以树状图的形式表示所有可能引起主要事件发生的次要事件，揭示风险因素的聚集过程和个别风险事件组合可能形成的潜在风险事件。

（3）风险识别的具体实践活动

在对业务流程点进行精细化分析以及正确选择风险识别方法后，要组建专业的团队对每一业务流程上的关键风险点进行识别，这一过程是动态的，需要不断地比较与分析，一般包括筛选、监测与诊断三个环节，每一环节可以分解为仔细检查、征兆鉴别及疑因估计三个步骤。

（4）风险数据库的建立

主要以文字、表格及复合图的形式来对识别出来的风险进行归类，主要元素有：风险标示符、风险的类别、风险的描述、风险因素、管理部门及业务流程等，列明地方财政面临的各种主要风险。

在风险识别路径中，地方财政部门应选择适当的风险识别方法，保证风险识别的规范性和科学性，具体做法有：建立科学的风险识别方法体系，对地方财政各职能部门随时关注部门运行存在的风险提供指导；对风险识别方法进行规范，并形成制度化，确保地方财政部门使用统一的识别方法对风险识别结果进行描述；利用历史事件对风险进行趋势分析和关注；定期评估风险识别方法的科学性和系统性，对不适用的方法进行修正和完善（见表7-1）。

表7-1　地方财政风险的描述要点

• 风险的名称
• 风险发生所涉及的业务模块及流程的相关部门及人员
• 风险的内容，包括对风险的表现、发生前后环境变化及相关因素的阐述
• 风险的性质，包括对风险类型的认定、风险影响范围及时间跨度的描述
• 风险发生的诱导因素及责任人
• 管理者对风险所应该持有的态度、容忍度及承受度
• 风险点的治理是否有预案

应该说，地方财政风险只是构建地方财政内控制度的关键环节之一，地方财政部门对本部门进行风险识别后，接下来要进行的程序是对风险程度的评估。尽管，本书提出的地方财政风险识别的框架、路径及方法并不能解决该领域的所

有问题，但能为地方财政部门进行风险识别提供基本的思路与理念，具有一定程度上的理论与实践价值。地方财政风险识别过程中蕴含有规则、比较、批判、认同等价值判断元素，核心动力是对人的理念与认知的尊重。地方财政风险识别框架、路径及方法是动态的，它会经历由简单到复杂、由元素缺失到元素丰富的过程，这一切将获取于对该领域的不断与不懈地深入研究。

第8章

地方财政内控制度要素：风险评估①

在内控制度的构成要素中，风险评估是构建控制环境、拟定控制方案的依据，它们的有效是内控制度构建能否成功的关键所在。在实践中，地方财政部门在构建内控制度过程中，财政部门能通过对业务模块及流程的梳理进行风险识别，但随后的风险评估却成了盲区，财政部门内控制度中无风险评估或者风险评估多依赖于经验的判断来感知风险的威胁程度，缺乏科学合理的评估框架、路径及方法。基于以上原因，本书在已有相关研究成果的基础上，尝试就地方财政内控制度中的风险评估框架、路径及方法进行初步分析，期望能为财政部门具体评价业务流程上的关键风险点，进而采取合理的评估方法来估测风险发生的概率以及由此导致的财政资源损失程度有所借鉴。

① 田志刚、鲁敬东："地方财政内控制度：风险评估框架、路径与方法"，《经济研究参考》2013年第5期。

8.1

风险评估的基本框架

有效的风险评估需要建立清晰完整的评估框架，并将其发展成为地方财政内控文化的一部分。地方财政内控风险评估框架是蕴含辨识、量化、估计和权衡等元素的整体明了的管理体系，具体包含风险评估的前提条件、风险评估的目标与原则、风险评估组织与环境、风险评估的实践活动、风险评估后的应对提示等要素。具体见图 8－1。

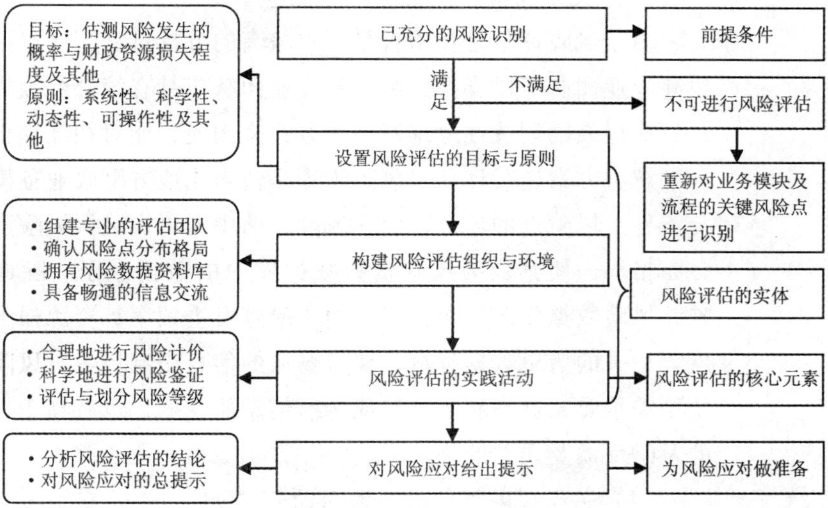

图 8－1　地方财政内控风险评估的基本框架

本书对地方财政内控风险评估框架组成要素，具体诠释如下：

（1）关于前提条件——风险识别

风险识别并不是风险评估框架组成部分，它是作为风险评估的前提条件而存在，即风险评估必须建立在已对地方财政业务模块及流程中风险点准确识别基础上，否则，风险评估结果就会失去客观性与科学性。

（2）关于风险评估目标与原则

目标与原则是对风险评估过程的指引与规范，地方财政内控中的风险评估目标与原则的设定至少要契合：地方财政管理的目标与原则、地方财政业务模块及流程的特点、地方财政内控管理的本质与特征。其中，估测风险发生的概率与财政资源损失程度是普遍适用的目标，其他目标应根据风险评估对象的具体情况而确定；而风险评估原则要在扩充一般意义上的"经济性"、"效率性"及"效果性"标准体系的基础上，最大限度地融入"公平性"、"回应性"等价值元素。

（3）关于风险评估组织与环境

由于风险评估是技术含量要求较高的分析过程，所以必须组建专业团队予以支撑，组建的专业团队应具有统合综效的特征，能以鼓励创造性思维互动的方式来沟通，能对相互提出的问题解决方案进行评估。风险识别是清晰化地方财政业务模块与流程上风险点的环节，但在风险评估中需再次确认风险点的分布格局，使其成为风险资料数据库中的数据因子。除此之外，风险数据库还应包括与估测风险点发生频率、资源损失程度等相关的历史数据资料。保持畅通的信息交流环境对风险评估至关重要，这有利于未知或隐形信息的挖掘，也有利于信息的及时反馈及误差的修正。

（4）关于风险评估的实践活动

评估实践作为风险评估的核心元素，由风险计价、风险鉴证及风险评价组成。风险计价是指在获取充分数据资料的基础上，对各风险点发生的概率与风险发生后的财政资源损失程度予以计量的过程；风险鉴证是指在风险计价完成后，对地方财政业务风险发生的概率及损失程度等信息予以分析确认的过程；风险评价是指在风险计价、风险验证完成后，根据已确定的风险评估基准对风险进行比较与分析的过程，进而完成对地方财政业务风险的排序与等级的划分，并出具风险评估报告。

（5）关于风险应对提示

风险应对提示是风险评估与风险应对承接的中间环节，它既是对风险评估综合分析的延伸，又是风险应对的逻辑起点，这需要由风险评估结论分析与对风险应对的总提示共同完成。

8.2 风险评估实现路径与方法

地方财政内控制度中的风险评估遵循系统工程学的理念，其显著特点就是实践哲学性，倡导整体论的思想，它拥有基于大量数据和信息分析基础上的方法选择与具体的实现路径。在实践中，地方财政风险评估应包括哪些目标体，并没有统一的划分，这完全取决于被评估部门拥有何种业务模块与业务流程，以及这些业务模块及业务流程上的风险点的分布格局。一般意义而言，按照业务类别划分，地方财政待评估的风险领域大致包括：行政管理模块、预算制度模块、财政收入模块、财政支出模块及绩效管理模块，也可以将这些待评估模块进一步分解为组织结构管理、预算管理、财务管理、国库管理、政府采购管理、转移支付管理等多个风险评估领域，而对这些业务领域内的风险点的描述应在风险识别阶段以风险登记手册的形式予以完成。具体案例见表 8 - 1。

表 8 - 1 描述了财政总决算管理中的某一业务节点及其存在的风险点，而这只是地方财政业务模块及流程上的一个具体的风险控制节点，这样的风险控制节点在地方财政部门管理实

践中大量存在，我们研究的内容就是对这些风险点的发生频率及导致的财政资源损失程度进行评估。我们一个基本的研究假设是：尽管各地方财政部门的业务风险评估点可能存在着不同的差异，但对风险点评估的路径及可供选择的方法是趋向一致的。而这一假设的正确性在多次调研及论证下得到了肯定。基于此，本书按照风险计价、风险鉴证与风险评价这一路径，着重阐述财政业务风险评估理念与方法，从而为具体财政部门的风险评估提供范式与手段。

表 8－1　某区财政局决算清理业务节点的风险识别与控制措施表

<table>
<tr><td>节点名称</td><td>财政总决算中的决算清理</td><td>节点编号</td><td>JSQL003</td></tr>
<tr><td>节点工作内容</td><td colspan="3">1. 与相关业务科室、预算单位、街镇、开发区财政所核对全年预算支出指标、拨款；
2. 与预算单位结清全年指标、计划、额度和资金；
3. 与业务科室商定资金结转事项；
4. 清理往来款项；
5. 与相关业务科室以及人民银行核对全年预算收入</td></tr>
<tr><td>节点工作时间</td><td colspan="3">7 个工作日</td></tr>
<tr><td rowspan="4">节点风险识别与管理</td><td>风险点</td><td colspan="2">控制措施</td></tr>
<tr><td>1. 财政下达的指标、拨款金额与预算单位是否核对一致</td><td colspan="2">每年 11 月底前对财政下达的年度指标及拨款与预算单位核对一致；12 月 31 日前，与业务科室及其预算单位核对全年指标及拨款、确保三方一致</td></tr>
<tr><td>2. 年终前往来款项是否清理完毕、有无长期挂账往来款项</td><td colspan="2">每年 12 月初对债权债务进行清理，提出拟收回或偿还往来款项的方案</td></tr>
<tr><td>3. 预算收入报表收入项目是否存在错误</td><td colspan="2">每年 11 月、12 月底与相关业务科室、人民银行核对预算收入、确保收入无误</td></tr>
<tr><td>节点控制标准</td><td colspan="3">在规定时间内及时与相关业务科室、预算单位、街镇、开发区财政所核对相关数据</td></tr>
</table>

注：本表内容是课题组实地调研后对获取的资料进行整理后形成的。

8.2.1　地方财政风险计价及方法

地方财政风险计价是指在充分获取地方财政风险数据资料的基础上，对风险点发生的概率与风险发生后的财政资源损失程度予以计量的过程，它是整个地方财政风险评估中的核心内容。风险计价依据于历史数据，但本身却是对未来风险的衡量。有效的地方财政风险计价要承接其内控风险评估框架中的众多要素，譬如，识别出来的风险点是风险计价的对象，风险资料数据库是风险计价的基础，合理选择方法及模型是风险计价的关键。地方财政业务风险计价具有一定的目标性与原则性，其目标性在于一切风险计价结果都应契合地方财政未来管理所需，为地方财政优化资源配置而服务；其原则性在于尽可能利用已有的风险数据进行风险计量，并将计量结果充分清晰化。

在实践中，对地方财政风险点计价是非常复杂的工作，这种复杂性来源于数据的不完整及计价方法的难以确定。尽管如此，我们还是尝试选择一些方法，并描述出其适宜环境以供财政部门进行风险评估时做出选择，见图 8-2。

从图 8-2 中可以看出，地方财政风险计价由风险计价方式、风险计价方法及适用环境三部分组成。在基于数据分析的计价方式中，可供选择的方法有：经验推断、描述性统计、影响图示、情景分析。这些方法是基于数据基础上的经验感知、描述统计、图例显示及假设推断。这些方法已被大家熟知，其中，影响图示法是最基本的、最具有逻辑性和最直观的方法，它能通过数据分析勾勒出风险影响因素与风险点之间的因果关系，抓住地方财政业务风险的概率本质，由此实现对风险发生频率与严重程度的度量。

在基于模型的量化分析中，可供选择的方法有：极值统计法、随机模拟、MRIAM 方法、事件及故障树法。这些是基于模型量化基础上的风险计价方法，被广泛运用于风险评估领

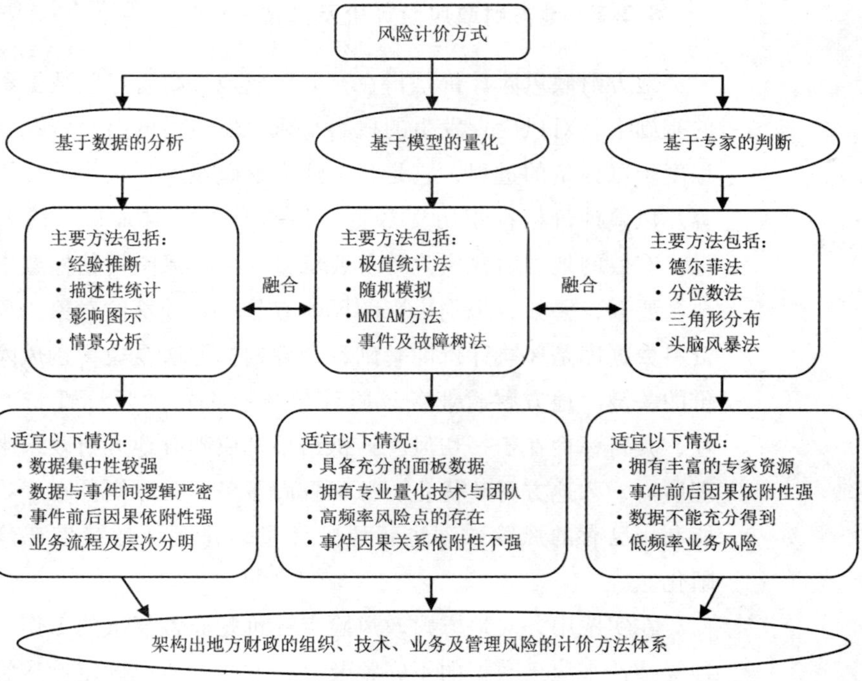

图 8－2 地方财政内控中风险计价的方法体系

域。其中，随机模拟常见形式是蒙特卡洛模拟，它拥有规范的操作程序，可以用来分析评估风险发生的可能性、风险的成因、风险造成的损失或带来的机会等变量在未来变化的概率分布；MRIAM 方法称作多目标风险影响分析方法，它将风险与影响分析并入一个多目标决策框架中，为不同情景的比较提供了一个正式的结构，是一种基于模型分析的风险计价方法。

在基于专家判断的风险计价方式中，可供选择的方法有：德尔菲法、分位数法、三角形分布、头脑风暴法，这些方法用于地方财政风险计价过程都依赖于专家的论证。

当然，图 8－2 中所显示的风险计价方式及其方法并不能解决现实中的所有问题，它更多是一种引导性的理论框架，我们也未就每一种方法都给予解释与说明，它们的运用应于实践中灵活安排。另外，风险计价方式与方法以及它们适用的环境也不存在分明的界限，体系中的所有组成部分应该是支撑、融合以及补充的关系。

8.2.2　地方财政风险鉴证

风险鉴证是指在风险计价完成后，对地方财政业务风险发生的概率及损失程度等信息给予分析与确认的过程，它是对风险计价过程的回顾与结果的检验。在实践中，如果说风险计价是量化风险点的过程，那么风险鉴证就是对被量化的风险点信息做进一步探寻的活动。风险鉴证是风险识别的延伸，同时也是对风险计价活动的承接。

地方财政风险鉴证的主要内容包括风险计价过程的检验、风险计价结果的梳理、风险间逻辑关系分析三个部分。风险计价过程的检验是对风险计价方法、模型等要素的再回顾。由于风险计价是一个不断选择的过程，这一选择依赖于人们对风险的感知程度、风险计价方法的掌握与风险计价环境的优劣等多个因素，不同的风险计价过程会带来风险计价结论的差异，因此，综合审视与检验风险计价过程的合理性是必要的；风险计价结果的梳理是对风险发生概率与可能导致财政资源损失程度的排序，并详细分解出导致一些高概率风险与财政资源高损失率发生的诱因；对风险间逻辑关系的分析，主要目的是发现地方财政风险间的自然对冲、风险事件发生的正负相关性等组合效应，以利于统筹安排内控方案，具体见图 8－3。

地方财政风险鉴证过程中的一些步骤不是必须的，它取决于前期风险识别的程度以及风险计量的质量，某些风险鉴证元素可以直接从前期成果中获取。风险鉴证的方法应包含定性与定量技术的结合。定性方法具体包括访谈、集体讨论、标杆分析等；定量风险鉴证采取的方法包括模型分析比较法、更新数据再验证、失效模式与影响分析、计算机模拟等。另外，在进行风险定量鉴证时，应统一制定各风险的度量单位，并通过测

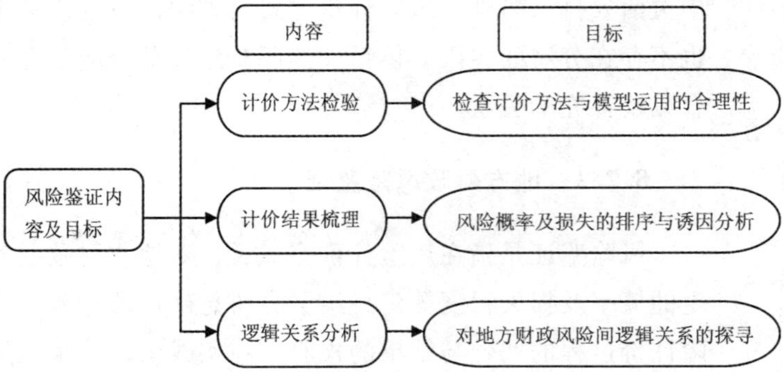

图 8－3　地方财政内控的风险鉴证

试方法，确保评估系统的假设前提、参数、数据来源和定量验证程序的合理性与准确性。

8.2.3　地方财政风险评价

地方财政风险评价是指在风险计价与验证完成后，完成对地方财政风险间的比较分析与等级划分。在实践中，地方财政风险等级的划分可以按照业务模块进行，也可以按照每个科室承受的风险程度进行，但不排斥按照风险类别划分，这一切取决于财政部门的具体状况。而地方财政风险究竟应划分为多少风险等级更多取决于具体财政部门的风险程度，以及风险评估者的风险偏好与承接能力。

在实际操作中，地方财政风险发生的可能性通常难以量化，它们一般被定性地被描述为“大的”、“中的”或“小的”风险。那么，地方财政部门在分析风险发生的可能性时可采取如下措施：基于风险识别的结果对风险的发生概率进行分析评估，选择诸如预期估计或情况评价等术语来表达潜在的可能性，或采用数据或图表的形式来描述和评价风险发生的概率；建立风险分析模型，通过关键风险指标管理方法、压力测试和情景分析等定量技术手段和会谈、工作组会议等定性评价技术对风险发生的条件因素进行分析，以确定风险发生的具体条件。

绘制风险坐标图是最常见的风险比较排序方式，它可以直观地对地方财政领域内的多项风险进行比较。由于地方财政内控风险点比较多，所以可以按照风险类别分科室形式予以显示。风险坐标图的横轴为风险发生的概率，纵轴为财政资源的损失程度，见图 8－4。

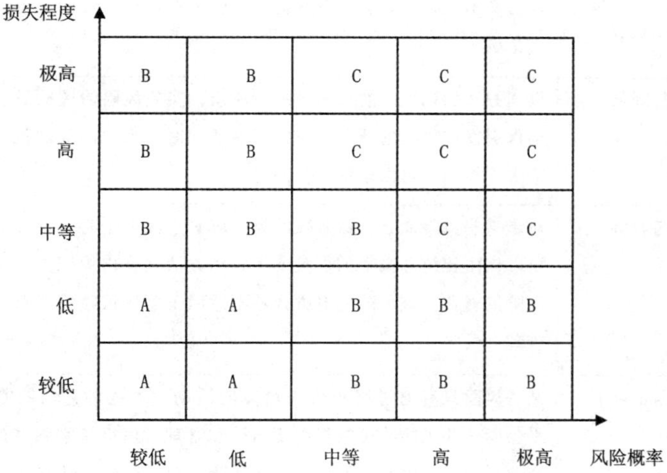

图 8－4　地方财政风险比较评价坐标图

风险坐标图中 A 区域属于“双低”风险领域，即风险发生的概率比较低，风险发生后的损失程度也比较低；风险坐标图中 B 区域属于“一高一低”风险领域，即风险发生的概率与损失程度一高一低或一低一高；风险坐标图中的 C 区域基本属于“双高”风险领域，即风险发生的概率与损失程度都比较高。

8.2.4　地方财政风险评估结果的应对策略

在业务实践中，经过风险计价、风险鉴证及风险评价的环节后，就完成了地方财政内控制度中的风险评估过程，随后要对风险评估的结果，作出相应的处理。保罗·霍普金（Paul

Hopkin）把危险因素风险管理归纳为承受（Tolerate）、治理（Treat）、转移（Transfer）、终止（Terminate）的4Ts标准见表8-2。[1]

表8-2　危险因素风险管理4Ts

承受（接受与保持）	风险敞口可能处于组织的承受范围之内，无需采取进一步的控制措施。即使目前的风险敞口水平不在组织的承受范围之内，组织应对该风险的能力尚不完善，或者采取其他行动所需的成本与可能获得的潜在利益不成比例
处理（控制与降低）	以本方式加以处理的风险数量最庞杂，实施风险治理的目标在于能够在确保引发该风险的活动的正常开展的同时，采取高效的控制措施，将风险水平控制在可以接受的范围之内
转移（保险与合同）	对于某些风险而言，最有效的风险应对手段在于将它们如数转移。组织可以借由传统意义上的保险或者将相关活动交由第三方完成，从而实现风险的转移。该风险应对方式特别适用于财务风险或者财产受损风险的管理
终止（避免与消除）	某些风险只有通过终止带来风险的活动，才能将它们控制在可接受水平，而这些风险才可被组织所承受和管理。值得特别强调的是，与私有企业相比，国家政府作出的终止风险活动的行为是极为有限的

综合而言，地方财政部门应对风险的一般策略有：

①地方财政部门对每一种风险的负效应应该有明确的认识，对于重要事项面临的重要风险可能带来的重大影响，应当通过定量分析技术，确定各种可能性造成损失的程度；

②按照风险可能带来的影响程度的大小，对风险进行排序，明确重要风险和一般风险，对重大风险予以特别的关注，避免重大风险可能给地方财政部门带来的重大损失；

③对各种风险建立确定风险应对措施的程序和方法，对具有较高发生概率、影响重大的风险优先考虑，即建立一套广泛

① 保罗·霍普金（Paul Hopkin）：蔡荣右译，《风险管理理解、评估和实施有效的风险管理》，中国铁道出版社2013年3月版。

适应的风险决策判断标准，根据风险严重程度和风险承受程度确定不同的决策；

④评估可能风险应对措施的成本与效益，选定风险处理措施后，根据剩余风险重新校定风险；

⑤确定各职能部门的风险处理权限，超出权限的应及时报送上级部门进行处理；重大风险应提交管理层进行风险应对措施决策；

⑥时刻监督风险的发展状况，判断风险存在状况，以及风险对地方财政影响程度的变化，并根据变化情况调整风险管理措施。

遵循上述风险应对的基本理念，针对地方财政风险比较评价坐标图中所示的风险，具体策略为：

①对待属于风险坐标图中 A 区域的具有“双低”性质的风险点，管理者不宜采取成本过大的内控措施，但要持有关注的态度，当风险发生后能及时予以化解，避免引起更大风险的发生。

②对待属于风险坐标图中 B 区域的具有“一高一低”性质的风险点，管理者要采取重点关注的态度，并要制定相应的内控措施防范风险的发生与化解已发生的风险。

③对待属于风险坐标图中 C 区域的具有“一高一低”性质的风险点，管理者要采取高度关注的态度，详细分解风险发生的诱因，并采用灵敏的预警机制与严密的内控方案预警、规避 C 领域中的各项风险，最大程度上避免风险的发生。

在完成对风险评估整个流程后，地方财政部门要出具风险评估报告。风险评估报告是对地方财政部门的风险布局、风险计价、风险鉴证、风险评价及其处理结论的总结，它主要的功能在于：对未来的风险应对给出提示，使管理者能有针对性、有重点地拟定修订有关地方财政风险规避的内控方案。

综合而言，设计地方财政内控中的风险评估模块并非是无理由地强加的技术分析，它更深层次的需求是为平衡地方财政运行过程中不确定的收益获取与成本付出而服务，追求的是风险管理中的最优平衡，因此，上述风险评估框架至少蕴含有两层含义：对风险的评估——试验性的、定量的、科学性的行为；对安全性的衡量——合规性的、标尺化的、指示性行为，这一切将在风险评估实践中得以体现。

第9章

地方财政内控制度要素：控制活动

一般认为，有效的内部控制主要基于“四大支柱”，即责任感、透明度、预测性及参与性。责任感意味着财政管理人员对完成他们的工作行为所负的责任；透明度是指低成本地获得有关的信息；预测性要求法律和规章制度必须事前清晰地为人所知，而且能统一地、有效地贯彻实施；参与性则需要提供可靠的信息和对政府的行为予以检查。[①] 地方财政管理内部控制主要环节的选取及具体体系的构建正是基于上述理念而进行的。需要强调指出的是：由于财政活动每个环节都存在紧密的联系和互相包容性，所以在对每个业务模块与业务节点内控活动进行阐述与设计时，可能会存在建议、措施与方案的重复。

地方财政部门内控活动应遵循的基本原则有：

①严格遵从性原则。财政内控制度一旦制定完成，部门内任何管理人员都要严格按照制度规范执行，保证内控制度的权威性与实效性。

① 亚洲开发银行：《政府支出管理》，人民出版社2001年12月版。

②重点关注性原则。财政内控活动要在风险识别与风险评估充分的基础上，重点关注与控制那些风险发生概率与风险发生后资源损失程度都比较高的业务节点。

③可实践性原则。财政内控活动在控制流程与方案的设置上，应要做到简洁与实用，避免控制方案繁杂，从而减少内控成本。

④融合协作性原则。内控制度中的各控制方案与流程应该是协调的，管理人员在进行内控活动时要具有融合协作的氛围与能力。

我们认为，地方财政部门的内部控制活动应该分为三大类：

第一类是组织层面的控制活动。作为地方财政部门，其组织层面的主要控制活动具有一定的共性，它们应该包括本书已经阐述过的控制环境、风险识别、风险评估等方面的内容，具体包括组织架构、人力资源、组织文化、社会责任、风险识别、风险评估等几个方面的内容。

第二类是业务层面的控制活动。这是主要针对地方财政部门的常态化业务模块与流程业务节点上存在的风险的控制活动。财政部门业务所包括的范畴宽泛，我们主要筛选出预算管理、资金管理、资产管理、财务会计管理、政府采购管理、基建项目管理、财政制度管理、内部行政管理、债务管理九大模块作为地方财政内部控制活动的载体。

第三类是特殊业务的控制活动。对于地方财政部门的通用业务，适用业务层面的控制活动，而在实践中，一些财政部门会被赋予一些特殊的业务，针对这些特殊的业务，则适用特殊业务的控制活动，控制活动方案的内容取决于这些特殊业务的性质与流程。

对图 9－1 模块所列的组织层面的控制活动，在内控环境、风险识别与风险评估模块中已有阐释，而特殊业务的控制活动要考察财政部门具体特殊业务内容才能制定，因此，我们主要

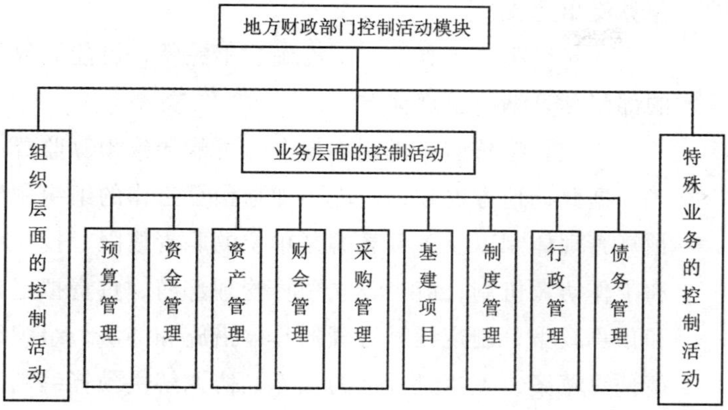

图 9-1　地方财政部门控制活动的模块图

就预算管理、资金管理、资产管理、财务会计管理、政府采购管理、基建项目、财政制度管理、内部行政管理、债务管理九大模块的控制活动给予设计，其中，由于债务风险表现为地方财政风险最重要的经济风险，将独立成为一章给予阐述。

9.1 预算管理模块的控制活动

地方财政部门预算活动是指地方财政部门根据单位发展目标和计划对年度财政收支计划的编制、执行、决算和考核。对地方财政部门进行预算管理模块的控制，至少应当关注下列风险：

①收入预算编制不实，可能导致部分收入脱离监督；支出预算编制不细化，可能导致支出超支；政府采购预算编制不准确，可能导致难以执行。

②预算执行缺乏刚性，可能导致预算收入反映不够完整，

预算支出超支。

③年终决算不真实、不准确、不完整，可能导致下一年度的部门预算编制出现偏差。

④预算考核监督机制不健全，可能导致预算监督不力。

据此，地方财政部门应当加强预算工作的组织领导，明确预算管理体制以及各预算编制单位的职责权限、授权批准程序和工作协调机制；应当设立预算管理部门，负责拟定预算目标和预算政策，制定预算管理的具体措施和办法，组织编制、平衡预算草案，下达经批准的预算，协调解决预算编制和执行中的问题，考核预算执行情况，督促完成预算目标。

9.1.1 财政部门预算编制控制

地方财政预算编制的内控目标应该是：确保财政预算适合宏观经济政策和财政资源的制约，使财政资源配置与政府政策相协调，为有效的财政运作管理提供条件。财政部门的预算编制涉及各预算单位、预算处（科）、综合处（科）、审批与审议等多个部门，通过严格的“二上二下”程序来完成的，主要的业务节点及关键风险点表现为：

①预算编制政策布置及流程是否得到严格的遵守，是否符合科学、准确及透明标准。

②预算部门编制预算时的依据是否合理，科目运用是否准确。

③预算部门编制的收支计划是否科学，项目资金的安排是否合规。

④“二上二下”的预算编制流程中的需求数、控制数、测算数、批复数及其依据是否完整、准确与合理。

针对上述的关键风险点，地方财政预算编制模块主要的内控活动包括：

①财政部门应当根据上级政策结合本地区实际情况，制定财政部门的预算编制政策，强化预算与政策之间的联系。财政

预算部门应能够准确获知与解读预算编制政策，在财政资源体现政策意向方面有系统性审核程序，制定严格的预算标准与方法。

②预算部门应当参考以前年度预算执行情况，根据预算年度的收入增减因素和措施，以及以前年度结余情况，测算编制收入预算；应当根据事业发展需要和财力可能，测算编制支出预算。预算审核部门应利用基础信息台账等核实预算单位的相关信息，对预算部门收支科目运用按照政府收支分类进行审核。

③预算制定初始，在考虑到政策支持重点和政策可得性的基础上，必须建立财政制约机制，尽可能地在预算编制前明确可使用的资源，使财政收支计划与项目资金的安排有合理的资金来源；应当及时审核预算部门提出的预算的合理性、准确性，审核预算部门预算收支是否平衡。

④严格部门预算编制程序，严格按照预算编制的政策、标准、方法、方案进行审核控制，保证预算控制数及预算批复及时下达，预算部门收到批复的预算后，应及时进一步传达，确保预算的有效执行。

在实践中，财政部门还需要加强对公共投资计划的管理控制。财政公共投资计划的宏观目标是：通过改进项目工程来提高投资效率；财政投资资金的分配应遵循国家政策，并与优先发展方向相一致；确保投资计划与按照优惠条件获得的可用资金协调一致；及时将公共投资计划发展成为一个更全面的、多年度的预算支出体系。所有这些目标需要地方财政通过项目选择和援助资金的策略性分配实施有效控制。首先，设计严密的步骤以防止出现华而不实的项目，并且决策者应在非常早期的阶段介入监督。其次，增强对项目工程的经济评估能力，选择适当的评估手段进行评估。再次，制定一些规章，用于评估各种项目在财务上的可行性，确保只有具有特定资金来源的项目才列入投资计划中；设计可行的程序，估计投资项目的总费用及其正常开支费用。最后，弄清楚投入、产出、结果和过程中各指标的不同作用和局限，针对具体行业和具体问题选择合适指标进行分析评估。

9.1.2 财政部门预算执行控制

地方财政预算执行的内控目标应该是：通过对财政资金收缴、拨付、核算、报告等预算执行环节实施科学的控制程序和方法，发挥对预算执行管理过程中存在的风险进行识别、预警与控制的功能。在实践中，财政部门预算执行控制活动主要由预算指标管理控制、收入预算执行控制、支出预算执行控制、预算收支调整控制等模块组成，主要的业务节点及关键风险点表现为：

①在预算指标管理控制模块中，关键风险点有：预算严格按照相应的预算指标管理程序进行申请，申请的预算指标是否科目准确、金额适当，审批是否严格、及时。

②在收入预算执行控制模块中，关键风险点有：财政收入目标分解方案是否合理，月度收入执行情况是否正常，各种财政收入资金是否及时、足额、准确入库等。

③在支出预算执行控制模块中，关键风险点有：财政支出的指令是否得到有效的确认，通过支出获取的商品和服务是否得到有效的确认，财政支出明细账核对是否及时、准确与规范。

④在预算收支调整控制模块中，关键风险点有：调整程序是否规范，预算调整方案是否列明了预算调整的原因、预算收支项目、数额、措施及有关说明；预算收支调整建议数是否合理与准确；财政支出预算调整科目运用是否准确，相关支出科目是否达到法定标准；预算调整报告是否完整、客观与合理。

针对上述的关键风险点，地方财政预算执行模块主要的内控活动包括：

①预算单位申请各类项目预算指标，保证申请指标要件齐

全、内容完整，要附详细的项目实施计划及资金用款计划；拟下达的每笔指标额度要与年初预算、已拨款、指标结余和用款进度进行核对；严格履行审批手续，审核确认经费核拨依据；确保指标下达及时、无误。

②应当严格执行批准的单位预算，对于收入预算，预算单位应该积极落实征管措施、开展征收活动。财政部门应当依照国家法律法规，及时足额征缴各项预算收入，做到依法征管，应收尽收。应根据本管辖区经济发展、财政体制及财力增长点，测算预算收入的规模与结构，确定各部门财政收入的增长基数；实时监测收入进度、排序与结构情况，对各部门处（科）统计数据进行分析，监测收入数据增减是否异常，对低于序时收入进度的单位及时预警。财政部门应当建立预算执行的适时分析机制，定期核对各部门的预算收入执行情况和已掌握的动态监控信息，确认各部门的预算收入完成情况。

③应该对财政支出指令确认。在财政支出指令批准阶段，需要核实支出计划是否通过法定程序由拥有批准权的责任人进行批准、财政资金是否按照预算及批准规定的用途拨付，且在适当的支出类型中保留足够的资金和拨付的资金是否列入正确的科目等。财政部门应该通过支出获取的商品和服务的确认。在财政资金支付之前，需要确认财政是否存在提供公共品及服务有效的支出义务；财政部门通过财政资金购买商品和服务时，需要有关专业人员证明所提供的商品和所收到的服务规模是否能达到预期标准或者远超过财政部门实际需要；当财政资金提供了公共产品和服务或购买所需商品和服务时，必须核实是否已收到提供的有关公共产品和某项公共服务或商品及服务的单据证明，以及收到的发票和其他有关支付票据是否正确等，在最终支付之后，还需要对所有财政支出进行检查和审核，汇报任何不规范事项。另外，在财政部门内部，在授权支出、批准财政支出事项和发出购买指令、确认收到商品和服务、履行支付等方面须有明确的职责分工。其中，一些财政活

动可以由同一人或同一部门负责。但在多数情况下，同一人或同一部门不应既负责支付，又负责其他活动或负责控制支出，应充分体现制衡牵制原则。

④财政部门要加强对财政支出绩效的控制。绩效衡量是财政部门提高绩效的关键，它有助于把财政部门所关注的重点从投入转到产出和结果，从而提高效率，改进效果。要设定合理绩效指标体系，精确而且没有分歧，适合于可行的目标；获取需要的资料应在合理的成本基础之上，或者是一个指标本身，或者是与其他指标合在一起，必须能为绩效评估提供足够的基础；除清晰与可获得信息以外，绩效指标必须经得起独立调查的检验。在实践中，正确理解投入、产出、结果及过程指标的不同优点及局限性，根据特殊部门及有关问题确定具体使用什么方法，应避免使用单一指标来评估绩效，要以可预测的结果来确保绩效的有利监督，对好的绩效提出奖励，对不令人满意的绩效进行制裁。

⑤经批准的财政部门预算应当保持稳定，不得随意调整。由于上级计划调整、国家政策变化等客观因素，导致预算执行发生重大差异确需调整预算的，应当全面分析已过季度的财政收支执行情况，研究各种因素对财政收支的影响，根据预算执行进度、增收减收因素、新增的重点支出需求以及项目实施情况，对预算收入调整情况及财力重新计算，并对调整支出项目适用科目逐一核对，汇总预算收入支出调整结果，试算财政平衡，形成预算调整报告提交审核。

9.1.3 财政部门年终决算与考核

财政部门年终决算与考核的内控目标是：通过对财政部门的年终决算、预算考核业务节点内控活动的设计，控制年终决策与预算考核中可能发生的各种风险，使财政部门能真实反映年度财政收支成果，做到有奖有惩、奖惩分明。在实践中，财政部门年终决算与考核的控制活动主要包括财政体制管理控制模块、财政总决算控制模块与财政预算考核控制模块等，主要的业务节点及关键风险点表现为：

①在财政体制管理控制模块中，关键风险点有：年终决算报表编制是否真实、准确、完整；各预算单位间的结算事项是否全面完整；各预算单位之间指标核对是否正确；各预算单位之间上解事项是否全面完整；各预算单位之间补助事项是否准确完整。

②在财政总决算控制模块中，关键风险点有：决算编制的数据是否准确与完整、口径是否正确；财政指标、拨款金额与预算单位是否一致；年终往来款项是否结清；预算收支表中是否存在错误处理与信息；财政总决算报表与部门预算的相关数据是否一致；决算报告是否规范、真实、及时与准确。

③在财政预算考核控制模块中，关键风险点是：是否建立严格的预算执行考核制度；执行报告和已掌握的动态监控信息是否进行了核对；考核过程与结果是否坚持了公开、公平、公正的原则。

针对上述的关键风险点，地方财政部门年终决算与考核主要的内控活动包括：

①财政部门应当按照要求设置会计科目，做好年终清理、结账和编制会计报表的准备工作，在正确结转收入、支出、结余的基础上编制决算报表，确保决算编制的真实、准确、完整；对照各层级的相关财政体制文件，梳理各级之间的结算、上解与补助事项，并核对相关指标的一致性，以及指标金额与科目是否准确。

②财政部门应该对决算编报口径、范围等提出具体要求，核对预算支出，清理往来款项，审查决算事项的准确性、完整性，及时编制并上报财政总决算；有关处（科）室预算执行分析观点明确、论证充分，年度预算数与预算变动数与审议结果一致，年终结算资料与上下级财政部门文件一致；确认部门决算收支准确合规。

③预算考核部门应当定期组织预算执行情况考核，将各预算执行单位负责人签字上报的预算执行报告和已掌握的动态监控信息进行核对，确认各执行单位预算完成情况。必要时，实行预算执行情况内部审计制度；对预算执行情况考核工作，应当坚持公开、公平、公正的原则，考核过程及结果应有完整的记录。

一般而言，预算的范围是广泛的，地方财政预算包括地方政府的全部收入和支出，无论这些收支是为了某些特殊的计划所作出的独立安排，还是法律法规授权的资金支出以及资金融入，都必须纳入预算内。当设计预算管理规划时，运作效率要求应考虑不同支出项目的特殊性，如：把一个预算项目的资金转移到另一个预算项目。当收入和利益之间有很强联系的时候，特定的预算安排应考虑到能促进公共服务的履行，否则就应予以避免。特殊的管理安排不应阻碍支出控制和降低资源配置的效率。因此，预算外资金、特殊资金、特殊账户、由外界资源资助的支出等等，应该与其他支出一样被仔细审查。为此，它们应如其他项目一样服从同样的支出分类系统，而且相关的交易也应记录在总预算表内，不应有收支例外。在直接的财政支出之外，一切有即期或远期财政影响、会产生财政风险的政策承诺和政策决定都必须同直接开支一起进行披露和审查。

综合而言，财政透明度和责任机制要求对财政活动进行广泛的报告披露，预算报告系统应该能回答：财政资金的运用是否得到了合法授权并出于必需？财政资金来源和支出情况如何？预算执行时产生了何种负债？政府的财务状况是改善还是恶化？是否有制度来确保对预算的有效实施？是否有适当的资产管理良好的业绩等等问题。预算执行管理需要下列报告：现金流入与流出量日报；财政执行情况的月报，包括最初的拨款、修正拨款、拨付金额；年度拨款报告；财务报告，包括国内债务存量和流量报告、国外债务报告、捐赠报告、未来承担义务的报表、现金流量表、税式支出报表、各部门或项目的实物资产和投资报表；发展或投资支出报告。在对预算执行情况进行全面分析，包括对所有主要收入、支出和融资项目与上一年的数据进行对比分析基础上，还应说明引起预算偏离预算执行结果的主要因素。

9.2 资金管理模块的控制活动

财政部门的资金活动是指财政部门资金收支、结算活动，包括资金收入、资金支出、资金结余、资金结算等活动。为了促进财政部门正常组织资金活动，防范和控制资金风险，保证资金安全，提高资金使用效益，要对资金管理模块进行控制活动。一般而言，资金管理模块的控制活动主要包括现金的控制模块、资金收入的控制模块、资金支出控制模块、结余管理模块、结算管理模块等。综合而言，上述模块面临的共同的关键风险点表现为：

①隐瞒和少列资金收入，可能导致财政部门或管理人员挪用资金，甚至设立“小金库”。

②未按预算进行资金支出，可能导致财政部门或管理人员虚列支出或者截流、挤占、挪用、浪费、骗取、套取、转移预算资金。

③资金结算不规范，可能导致财政部门或管理人员公款私借、资金流失。

根据上述的关键风险点，针对各个主要资金控制模块的内控活动包括：

9.2.1 现金控制活动

现金控制属于内部管理制度中的一部分。现金管理的主要目的是：控制消费总量，有效执行预算，使财政借款的成本最小化以及使财政存款和投资收益最大化。现金控制一般分为：收款业务内部控制、付款业务控制和库存现金内部控制。现金控制的主要原则在于：

①现金余额的集中化。这种集中应该通过“国库专门账户”来实现。国库专门账户是一种或者说是一套与所有政府支付交易相关的账户，收付事项应按相同的分类标准记入这些账户。

②编制科学的现金计划。每年应按季度滚动编写预算执行计划；在每年预算执行计划内，编写每月现金和借款计划；月现金计划执行的每周回顾。同时，要兼顾预算的权威性和考虑即将发生的支出所体现出来的灵活性。

③借款政策需要提前制定，借款计划应该公开，各级财政的借款必须规范并应与总体财政目标一致；借外债应该与预算或长期支出计划相一致并严格监管。

④财务印章与票据分开保管及不同印章不得由一个人保管或用印、现金收支与作账的岗位分离。

⑤现金收支处理必须及时准确并且具有合法的凭据和核准手续，建立按月盘点和突击抽查相结合的盘点制度并及时编制银行存款余额调节表。

9.2.2 资金收支管理控制活动

①针对财政部门资金收入控制，财政部门应当将各项收入全部纳入单位预算，统一核算，统一管理；取得的各项收入，要据实及时入账，严禁隐瞒、截留、挤占和挪用，更不得另设账户或私设“小金库”；收取收费和基金时严格执行票据管理规定，严禁转借、转让、代开和买卖票据，不得相互串用票

据；设立台账记录票据入库、发放、使用、销号、结存情况；票据申领要注明种类、数量，要与台账登记内容一致，申领人必须签字；对票据实行定期盘点，结存票据要账实相符。

②针对财政部门资金支出控制，财政部门应当将各项支出全部纳入单位预算，建立健全支出管理制度。财政部门的支出应当严格执行国家有关财务规章制度规定的开支范围及开支标准；国家有关财务规章制度没有统一规定的，由财政部门规定，报上级财政部门备案。财政部门的规定违反法律制度和国家政策的，主管部门和财政部门应当责令改正。财政部门从上级取得的有指定项目和用途的专项资金，应当专款专用、单独核算，并按照规定向财政部门或者主管部门报送专项资金使用情况；项目完成后，应当报送专项资金支出决算和使用效果的书面报告，接受上级部门的检查、验收。财政部门应当严格执行国库集中支付制度和政府采购制度等有关规定。

9.2.3　财政资金的安全控制活动

这是为了确保财政资金财务安全完整所采取的控制方法和措施。主要包括：

①发生财政支出业务时，要及时地作出财务、会计的处理，涉及现金业务时，要特别注意，防止财政资金被挪用。

②对业务程序进行控制，特别是对经常业务要采取规范化、标准化手段对业务处理进行控制，包括将业务处理过程的环节、要求、注意事项等制成相关的文件，以使有关内部机构和人员更好地执行，必要时可汇总成册，为财政业务处理提高指导，并提供控制的依据，进一步提高对财政资金的安全控制。

③建立财政财产物资登记领用管理制度，并参照公司的承续盘存管理模式定期不定期地清查财政物资，保证账实一致。

④对财政资产的接触者要严格限定，不仅要限制不相关人员对财政资产本身的直接接触，而且还要对财政资产的取得和

发送进行控制，包括对财政部门资产处理的有关业务轨迹（如单据、报表等）进行严格控制。

⑤财政部门应当根据国家法规和政策，科学管理资金，完善严格的资金授权、批准、审验等相关管理制度，加强资金的集中归口管理，明确各环节的职责权限和岗位分离要求，定期或不定期检查和评价资金活动情况，落实责任追究制度，确保资金安全和有效运行。

9.2.4 财政资金的结余与结算管理控制活动

①财政部门的资金结余包括净结余和未完结转项目结余，其中净结余又包括资金结余和指标结余，未完结转项目结余也包括资金结余和项目指标结余。

财政部门应该加强净结余管理，确保结余真实、合法、合规。合理使用净结余，实行国库集中支付后形成的净结余，统一反映为指标净结余。财政部门应该加强项目结余管理，努力提高项目支出预算的经济效益和社会效益，对年度未完应结转下年的项目支出预算结余要逐一核实确认。

②针对财政资金结算的控制，财政部门应该加强现金的管理。收支、保管由出纳人员负责；实行现金限额管理；制定本单位的开支范围和支付限额；不得坐支、账外设账；健全现金账目，序时、逐日登账；确保账库相符；严格执行备用金制度。财政部门应该加强银行存款的管理，开立、变更账户要严格按照规定，经财政部门审批后方可办理；加强与银行对账并编制余额调节表；以电子支付方式办理的货币资金业务要与银行签订协议；严格遵守银行结算纪律；严禁以单位信用为担保为职工个人开设银行卡、套取现金。

财政部门应该加强往来资金的管理。建立往来资金发生核准制度，对往来资金发生依据的合法性、合规性、合理性等方面予以审核、批准，确保业务的真实性、有效性；建立往来资金管理责任制度，明确经办人、审批人对每笔往来资金业务发生前后环节的管理责任；建立往来资金定期清理制度，对呆滞往来账详细说明往来发生的时间、金额、呆滞原因、处理意见，杜绝对呆滞往来账款擅自核销。财政部门应当建立和完善授权审批制度，资金划转、支付事项应当明确责任、划分权限，实行分档审批。重大资金划转、支付事项，应当通过领导集体研究决定。

9.3 资产管理模块的控制活动

财政部门的资产是指财政部门占有或使用的能以货币计量的经济资源，包括流动资产、固定资产、无形资产和对外投资等，具体包括财政部门用国家财政资金形成的资产，国家调拨给财政部门的资产，财政部门按照国家政策规定组织收入形成的资产，以及接受捐赠和其他经法律确认为所有的资产。资产管理是指对财政部门资产的形成、使用、处置、收益等环节的管理。财政部门资产管理模块内部控制的关键风险点表现为：

①资产购置时缺乏可续论证，资产配置超标准，存在随意性，导致财政部门资产的闲置和浪费。

②资产使用低效、闲置和浪费，资产的出借、对外投资、担保等资产经营活动中，有违反规定不规范操作，擅自出租出借、对外投资、担保，导致财政部门资产流失；资产使用中更新改造不够、使用效能低下、维护不当、产能过剩，可能导致财政部门资产价值贬损、安全事故频发或资源浪费。

③财政部门在报废、核销、出售、转让、产权变动、资产评估过程中，发生违规行为，擅自处置，不规范操作，资产处置不合法、不合理。

④资产收益不如实反映，处置收入、资产收益未按时上缴财政专户，财政部门隐瞒、截留、挤占、坐支和挪用资产收益。

根据上述的关键风险点，针对资产管理控制模块的内控活动包括：

①财政部门应当按照国家有关法律法规的规定合理设置财政部门资产管理工作机构和工作岗位，建立绩评处、分管单位处室、各有关部门和岗位职权明确、相互制约、相互监督的机制。

②财政部门应当完善包括资产委托管理、资产配置、资产出租出借、事业单位对外投资、资产评估管理、资产处置、资产收益管理、资产信息管理、资产报废技术鉴定、资产管理监督检查等各项配套制度。

③重视和加强各项资产的投保工作，采用招标等方式确定保险人，降低资产损失风险，防范资产投保舞弊。

④财政部门资产形成的控制活动。财政部门的资产形成是指财政部门通过购置、调剂、接受捐赠等方式形成资产的行为。

财政部门的资产购置应纳入预算管理，按财政部门规定的预算编制程序报批；购置纳入政府采购范围的资产，依法实施政府采购；各级财政部门可根据实际情况探索建立公物仓制度，对通用办公设备逐步实行公物仓管理，实行统一采购、统一保管、统一配发、统一调剂、统一处置；财政部门对购置的资产及时进行验收、登记，录入资产信息管理系统，并进行账务处理。

房屋建筑物等工程完工后，应及时进行竣工决算和验收，按规定进行财产物资移交。使用单位要办理有关权属证书，并按照固定资产管理要求，及时做好资产登记造册入账等工作；财政部门应当按照有关法律法规接受捐赠资产，及时准确登记捐赠资产信息，及时准确进行资产产权登记；财政部门资产配备标准应根据国家有关法规政策、财政部门履行职能、职责需要、财力状况等合理制定，定期调整。

⑤资产使用的控制活动。财政部门资产的使用是指财政部门资产自用和出租、出借、对外投资、担保等行为。

财政部门应当建立资产使用调剂和资产整合、共享、共用平台，对闲置、低效资产进行调剂。应当认真做好资产的使用管理工作，做到物尽其用，充分发挥资产的使用效益，保障资产的安全完整，防止资产使用中的损失和浪费。

财政部门应加强对本单位专利权、商标权、著作权、土地使用权、非专利技术、商誉等无形资产的管理，防止无形资产流失；财政部门对资产对外出租、出借、对外投资和担保等，应当进行可行性论证，需由资产评估等中介机构进行评估、鉴证，并提出申请，经主管部门审核同意后，报相关部门审批，相关部门应对财政部门的资产对外出租、出借等事项严格控制，从严审批，并应该建立和完善包括立项、决策、申报、运营、跟踪在内的管理体系。

财政部门的资产应当建立严格的资产管理责任制，定期清查盘点，做到家底清楚，账、卡、实相符，并将资产使用责任落实到人，对资产安全性、完整性、有效性进行绩效评价。

⑥资产处置的控制活动。财政部门的资产处置是指财政部门的资产产权的转移及核销，包括各类资产的无偿转让、出让、出售、置换、捐赠、报损、报废及货币性资产损失核销等。

财政部门处置的资产范围一般包括：闲置资产；低效运转和超标准购置的资产；因技术或功能原因并经过专业机构科学论证，确需报废、淘汰的资产；因单位分立、撤销、合并、改制、隶属关系改变等原因发生的产权或者使用权转移的资产；盘亏、呆账及非正常损失的资产；已超过使用年限无法使用的资产。

财政部门处置国有资产应当严格履行审批手续，未经批准不得处置；财政部门对其低效运转、超标购置或者长期闲置的国有资产，应进行调剂或者处置，促进资产整合与共享共用；财政部门的资产处置应当由财政部门的资产管理部门会同财务部门、技术部门审核鉴定，必要时可由专业技术鉴定部门进行鉴定、社会中介机构进行经济鉴证。

财政部门的资产处置应当遵循公开、公正、公平的原则。资产的出售、出让与置换应当按照规定的程序，通过有资质的产权交易机构，采取拍卖、招投标、协议转让及国家法律、行政法规规定的其他方式进行；财政部门应当定期或者不定期地对资产进行账务清理、对实物进行清查盘点；年度终了前应当进行一次全面清查盘点。

⑦资产收益的控制活动。财政部门的资产收益是指财政部门出租、出借、对外投资、担保等取得的收入扣除相关税金、评估费、拍卖佣金等费用后的部分。

财政部门的国有资产收益必须严格按照政府非税收入管理的有关规定，及时上缴财政，实行“收支两条线”管理，国有资产收益纳入部门预算统筹安排；财政部门及管理人员要如实反映和收缴国有资产收益，不得隐瞒、截留、挤占、坐支和挪用国有资产收益，不得违反规定使用国有资产收益；监督部门要切实履行监管职责，加强对所属监督部门国有资产收益的监督管理，防止隐瞒、截留、挤占、坐支和挪用国有资产收益。

⑧资产绩效管理的控制活动。财政部门资产绩效管理是指财政部门利用年度部门决算报表、财务报告、财产清查、资产统计报告、资产管理信息化数据库等资料，采用多层次指标体系和采取多因素的方式方法，科学考核财政部门资产的配置、使用、处置等效益的行为。

财政部门要积极探索资产绩效管理的方式方法，不断提高资产管理的安全性、完整性、有效性和财政资金安排使用的物化率。财政部门要逐步建立资产管理绩效考核体系，按照

“经济性、效率性、有效性”的原则，通过科学合理、客观公正的方法、标准、指标和机制，真实地反映和解析财政部门资产运营效果，提高财政部门的资产运营效率和效益。

财政部门应该建立资产管理信息系统，实施资产动态监管，通过资产管理系统与部门预算系统、收入收缴系统、政府采购系统衔接，为部门预算资产信息提供服务，实现资产管理与预算管理和财务管理的结合，全程对资产配置、使用、处置、处置收入、资产出租、对外投资、担保等各个环节进行有效控制。

财政部门应当加强资产管理和监督，坚持单位内部监督与审计监督、社会监督相结合，事前监督、事中监督、事后监督相结合，日常监督与专项检查相结合。

9.4 财务会计管理模块的控制活动

财政部门的财务会计核算控制活动包括对财务会计管理人员的控制、对财政总预算财务会计的控制、政府采购资金财务与会计控制、财务会计集中核算的控制等多个模块，也涉及会计科、政府采购办、预算科等多个处（科）室，这意味着财政部门的财务与会计核算控制活动与内控环境、预算管理、资金管理、资产管理、采购管理等多个模块的控制活动是重合的，因此，我们只就财务会计一般性的控制活动进行阐述。

财政部门财务会计内部控制的关键风险点表现为：

①财政部门是否建立了不相容职务相互分离控制机制，是否建立了与部门结构相适应的会计控制权的集中和分权制度。

②在财务会计账务处理过程中，原始凭证是否真实、合

法，凭证大小写金额是否一致，凭证内容是否完整一致；审批手续是否有审批人、证明人、经办人签字；财政收入与支出的财务会计处理是否完整、准确与合规；现金支付项目是否在现金结算支付范围内；会计科目是否符合会计制度的规定；补贴是否符合人事、财政部门的相关规定标准；项目经费的使用是否合理；非税收入资金是否寄存财政专户等等。

根据上述的关键风险点，针对财务会计管理模块的控制活动包括：

9.4.1 建立严格的财务会计相互制衡机制

应该按照不相容职务相分离的原则，合理设置财务会计的相关工作岗位，明确职责权限，形成相互制衡机制。不相容职务主要包括：授权批准与业务经办职务；业务经办与会计记录职务；会计记录与财产保管职务；业务经办与业务稽核职务；业务经办与财产保管职务；授权批准与监督检查职务。

9.4.2 建立与部门结构相适应的会计控制权的集中和分权制度

财政部门应设有专门办公室负责会计控制和办理支付，这个办公室通常也负责现金的管理，构成国库部门的一部分；支付由各个部门来负责，但现金和银行账户由负责现金管理的国库部门控制。

当支付过程和会计控制运行过于分散时，就需要对现金进行适当的集中控制或对会计控制体制进行改进以使当前的分权系统能更好地适应监督的需要；而当支付过程和会计控制过于集中时，就需要一个系统，以确保资金按照预算和现金支付计划及时支付，无需中心机构强制进行先后次序安排，并使支出单位能更好地参与和获得更多的灵活性。由于信息技术的进步，使为效率因素而进行的分散控制与确保支出的集中控制之间趋于协调，即现代技术有可能做到两者之间的兼顾：既分散控制，提高效率，又集中信息，便于预算执行。[①]

9.4.3　要加强对财务会计处理过程中的票据管理

在财务会计的处理过程中，应该利用网络信息加大对相关票据的审查工作，每日加强对原始凭证整理、复核，财务会计业务人员遇到票据不真实合法合规的情况下，应该坚决拒付退回，并做好登记工作。

9.4.4　加强对财政收支会计的控制

有效的财政收支会计控制可以保证财政预算的遵从程度，良好的会计和报告体系对财政收支管理、责任感及政策的制定也尤为关键。在财政收支控制活动中，要保证清晰地记录财政收支和财政收支项目之间分摊、财政收支追加等财务变化。无论财务会计基础如何，财务会计控制要求做到：

①财务会计记录必须要有足够的程序，包括对财政收付活动进行系统地登记、拥有足够的安全系统以及保证与银行账目系统的核对；

②所有的财政支出与收入活动都应该按照相同的方法登记到相应的账户中；

③按照经济种类和职能作用对财政收支进行合理的划分，以利于财政收支活动中的财务会计的控制；

④会计记录必须明晰，文件程序必须完备；

⑤会计报表的编制必须规范清晰；

⑥要有完善的跟踪立项、审批和收支周期中每个阶段的收拨款使用系统；

⑦程序明晰以及预算融资运作和负债要充分公开；

⑧对计算机化记录的支持文件的安全保护、进入路径和持

① 李培根："国外财政预算支出管理中的内部控制与审计监督"，《兰州商学院学报》2003年第8期。

续保存有明确安排。

9.4.5 对地方财政部门会计信息质量的控制

会计信息质量的控制是为了保证财政部门内部各类信息被真实、及时、可靠和准确地采集、处理、传递和利用，而对财政部门会计信息系统的运作质量提出要求并进行控制的措施方法。主要包括：

①原始凭证必须专门审核后才能作为会计记录的依据，凭证编制必须连续编号，并建立定期复核制度；

②记账凭证的内容必须与原始凭证保持一致，并定期审核，编制与审核两项不相容职务必须分开；

③建立完善的凭证传递程序，以做到传递中各个环节相互制约和相互联系；

④建立账证、账账、账表、账实核对制度，保证经济信息准确完整地被加工处理；

⑤进行定期会计信息分析，及时发现财政运行中的问题以及信息处理过程的“加工问题”，保证信息质量。

9.4.6 建立健全财务监督体系

财政部门主要负责人不参与财务直接管理，但对财务、会计监督工作负领导责任。会计机构、会计人员对本单位的资金活动依法进行财务监督。资金收入的监督内容包括：财政部门是否依法积极组织收入，收入是否全部纳入单位预算；对于按规定应上缴国家的收入和纳入财政专户管理的资金，是否及时、足额上缴。资金支出的监督内容包括：财政部门各项支出自身是否厉行节约、讲求经济、实效；各项支出是否按照国家规定的用途、开支范围、开支标准使用。

9.5
采购管理模块的控制活动

地方财政部门的政府采购，是指各级地方财政部门及其所属机构为了开展日常政务活动或为公众提供公共服务的需要，在相关部门监督下，以法定的方式、方法和程序，对货物、工程或服务的购买。政府采购制度有利于财政部门强化支出管理，硬化预算约束，在公开、公正、公平的竞争环境下，降低交易费用，提高财政资金的使用效率。另外，财政部门通过招标竞价方式，优中选优，具体的采购实体将尽可能地节约资金，提高所购买货物、工程和服务的质量，提高财政采购制度的实施效率。在实践中，地方财政部门的政府采购包括政府采购预算编制、政府采购的执行与政府采购资金的支付等业务模块，财政部门的政府采购活动业务模块存在的关键风险点包括：

①采购预算不符合有关法规政策，采购项目和采购金额超过了批复的部门预算所对应的项目支出预算，没有按照每年度集中采购目录及相关部门标准编制，可能导致采购预算无法有效执行。

②财政部门选择的政府采购供应商不当，采购方式不合理，政府采购方式的确定没有按年度集中采购目录和标准执行，招投标或定价机制不科学，授权审批不规范，可能导致采购物资质次价高，出现舞弊或遭受欺诈。

③采购验收不规范，付款审核不严，可能导致采购物资、资金损失或信用受损。

在政府的采购实践中，财政部门应当结合实际情况，全面梳理采购业务流程，完善采购业务相关管理制度，统筹安排采购计划，明确请购、审批、购买、验收、付款等环节的职责和审批权限，按照规定的审批权限和程序办理采购业务，建立价格监督机制，定期检查和评价采购过程中的薄弱环节，采取有效控制措施，确保采购满足财政部门运行需要。

根据上述关键风险点，针对地方财政部门的政府采购模块的控制活动包括：

9.5.1 财政部门的采购预算控制活动

采购预算是指对地方财政部门根据部门编制的采购预算，如采购属于政府采购，地方财政部门应当根据政府采购预算编制要求进行政府采购预算编制工作。

①财政部门和政府采购部门应该按照集中采购目录及批复的部门预算对各部门填报并提交的政府采购计划项目、政府采购预算金额进行核对，汇总形成本级政府采购预算。

②财政相关部门应该及时将经过审批的政府采购预算批复给相关财政部门。

③财政相关部门应当根据采购计划的项目内容和预算金额，确定采购方式，并及时批复给各财政部门。

9.5.2 财政部门采购执行的控制活动

①财政部门的采购业务应当集中，避免多头采购或分散采购，以提高采购业务效率，降低采购成本，堵塞管理漏洞，财政部门应当对办理采购业务的人员定期进行岗位轮换。

②应当建立采购申请制度，依据购买物资或接受劳务的类型，确定归口管理部门，授予相应的请购权，明确相关部门或人员的职责权限及相应的请购和审批程序。

③财政部门应当建立科学的供应商评估和准入制度，确定合格供应商清单，与选定的供应商签订质量保证协议，建立供应商管理信息系统，对供应商提供物资或劳务的质量、价格、

交货及时性、供货条件及其资信、经营状况等进行实时管理和综合评价，根据评价结果对供应商进行合理选择和调整。

④财政部门应当根据市场情况和采购计划合理选择采购方式。大宗采购应当采用招标方式，合理确定招投标的范围、标准、实施程序和评标规则，一般物资或劳务等的采购可以采用询价或定向采购的方式并签订合同协议，小额零星物资或劳务等的采购可以采用直接购买等方式。

⑤财政部门应当建立采购物资定价机制，采取协议采购、招标采购、谈判采购、询比价采购等多种方式合理确定采购价格，最大限度地减小市场变化对采购价格的影响。

⑥财政部门应当根据确定的供应商、采购方式、采购价格等情况拟订采购合同，准确描述合同条款，明确双方权利、义务和违约责任，按照规定权限签订采购合同。

⑦财政部门应当建立严格的采购验收制度，确定检验方式，由专门的验收机构或验收人员对采购项目的品种、规格、数量、质量等相关内容进行验收，出具验收证明，涉及大宗和新、特物资采购的，还应进行专业测试。

⑧财政部门应当加强物资采购供应过程的管理，依据采购合同中确定的主要条款跟踪合同履行情况，对有可能影响工程进度的异常情况，应出具书面报告并及时提出解决方案。

9.5.3　财政部门政府采购付款的控制活动

①财政部门应当加强采购付款的管理，完善付款流程，明确付款审核人的责任和权力，严格审核采购预算、合同、相关单据凭证、审批程序等相关内容，审核无误后按照合同规定及时办理付款。

②财政部门应当加强预付账款和定金的管理。涉及大额或长期的预付款项，应当定期进行追踪核查，综合分析预付账款的期限、占用款项的合理性、不可收回风险等情况，发现有疑问的预付款项，应当及时采取措施。

③财政部门应当加强对购买、验收、付款业务的会计系统控制，详细记录供应商情况、请购申请、采购合同、采购通知、验收证明、入库凭证、商业票据、款项支付等情况，确保会计记录、采购记录与仓储记录核对一致。

④财政部门应当建立退货管理制度，对退货条件、退货手续、货物出库、退货货款回收等作出明确规定，并在与供应商的合同中明确退货事宜，及时收回退货货款。涉及符合索赔条件的退货，应在索赔期内及时办理索赔。

⑤财政部门应当及时向政府采购部门提交支付申请书、发票复印件、合同副本、验收报告。

⑥财政部门应按照国库集中支付流程进行政府采购资金支付，财政部门应当根据审核后的发票复印件、合同副本、验收报告，通过国库集中支付系统按合同支付采购资金。

9.5.4 财政部门采购行为的控制活动

在实践中，由于存在采购中心对客户的官僚习气、存货过多、中间损失、偷盗以及对市场和技术变化反应不够灵敏等问题，所以，要对财政采购行为进行内部控制。主要是制定规章制度，确保采购部门雇用培训合格的员工，完善培训体系和监督政府采购。通过内部控制制度进行管理力求能做到：采购的标准及相关制度应规定清楚，并公布于众；采购过程应接受公众监督，采购结果应公布于众；竞争方的名称、投标价格、中标者的价格也应该公开；契约签订和整个采购程序应接受立法机关和审计部门监督；应保存书面记录，便于公众查询；工作人员的公务职责和个人利益不应有冲突。

9.6 基建项目管理模块的控制活动

基建项目是指财政部门自行或者委托其他单位所进行的建造、安装工程。为了加强基建项目管理，提高基建质量，保证基建进度，控制基建成本，防范商业贿赂等舞弊行为，应该对财政部门基建项目的管理进行内部控制活动。

在实践中，地方财政部门的基建项目包括工程立项、工程招标、工程造价、工程建设与工程验收等多个业务模块，这些主要的业务模块存在的关键风险点包括：

①立项缺乏可行性研究或者可行性研究流于形式，决策不当，盲目上马，可能导致难以实现预期效益或项目失败。

②项目招标暗箱操作，存在商业贿赂，可能导致中标人实质上难以承担基建项目、中标价格失实及相关人员涉案。

③工程造价信息不对称，技术方案不落实，概预算脱离实际，可能导致项目投资失控。

④工程物资质次价高，工程监理不到位，项目资金不落实，可能导致工程质量低劣，进度延迟或中断。

⑤竣工验收不规范，最终把关不严，可能导致工程交付使用后存在重大隐患。

财政部门应当建立和完善基建项目各项管理制度，全面梳理各个环节可能存在的风险点，规范工程立项、招标、造价、建设、验收等环节的工作流程，明确相关部门和岗位的职责权限，做到可行性研究与决策、概预算编制与审核、项目实施与价款支付、竣工决算与审计等不相容职务相互分离，强化工程建设全过程的监控，确保基建项目的质量、进度和资金安全。

根据上述的关键风险点，针对地方财政部门基建项目的控制活动包括：

9.6.1 财政部门工程立项的控制活动

①财政部门应当指定专门机构归口管理基建项目，根据年度投资计划，提出项目建议书，开展可行性研究，编制可行性研究报告。财政部门可以委托具有相应资质的专业机构开展可行性研究，并按照有关要求形成可行性研究报告。

②财政部门应当组织规划、工程、技术、财会、法律等部门的专家对项目建议书和可行性研究报告进行充分论证和评审，出具评审意见，作为项目决策的重要依据。财政部门可以委托具有相应资质的专业机构对可行性研究报告进行评审，出具评审意见。

③财政部门应当按照规定的权限和程序对基建项目进行决策，决策过程应有完整的书面记录，基建项目的立项应当报主管部门审议批准。财政部门应当在基建项目立项后、正式施工前，依法取得建设用地、城市规划、环境保护、安全、施工等方面的许可。

9.6.2 财政部门基建项目工程招标的控制活动

①财政部门基建项目一般应当采用公开招标的方式，择优选择具有相应资质的承包单位和监理单位。财政部门应当依照国家招投标法的规定，遵循公开、公正、平等竞争的原则，发布招标公告，提供载有招标工程的主要技术要求、主要合同条款、评标的标准和方法，以及开标、评标、定标的程序等内容的招标文件。

②财政部门应当依法组织工程招标的开标、评标和定标，并接受有关部门的监督。财政部门应当依法组建评标委员会，评标委员会由财政部门的代表和有关技术、经济方面的专家组成。

③财政部门应当采取必要的措施，保证评标在严格保密的情况下进行。保证评标委员会成员和参与评标的有关工作人员不得透露对投标文件的评审和比较、中标候选人的推荐情况以及与评标有关的其他情况，不得私下接触投标人，不得收受投标人的财物或者其他好处。

④财政部门应当按照规定的权限和程序从中标候选人中确定中标人，及时向中标人发出中标通知书，在规定的期限内与中标人订立书面合同，明确双方的权利、义务和违约责任，财政部门和中标人不得再行订立背离合同实质性内容的其他协议。

9.6.3　财政部门工程造价的控制活动

①财政部门应当加强工程造价管理，明确初步设计概算和施工图预算的编制方法，按照规定的权限和程序进行审核批准，确保概预算科学合理，财政部门可以委托具备相应资质的中介机构开展工程造价咨询工作。

②财政部门应当向招标确定的设计单位提供详细的设计要求和基础资料，进行有效的技术、经济交流。初步设计应当在技术、经济交流的基础上，采用先进的设计管理实务技术，进行多方案比选。施工图设计深度及图纸交付进度应当符合项目要求，防止因设计深度不足、设计缺陷，造成施工组织、工期、工程质量、投资失控以及运行成本过高。

③财政部门应当组织工程、技术、财会等部门的相关专业人员或委托具有相应资质的中介机构对编制的概预算进行审核，重点审查编制依据、项目内容、工程量的计算等内容是否真实、完整和准确。基建项目概预算按照规定的权限和程序审核批准后执行。

9.6.4　财政部门工程建设的控制活动

①财政部门应当加强对工程建设过程的监控，实行严格的

概预算管理，切实做到及时备料，科学施工，保障资金，落实责任，确保基建项目达到设计要求。

②财政部门应该按照国家有关法规进行工程物资的采购，严禁不合格工程物资投入基建项目建设。重大设备和大宗材料的采购应当根据有关招标采购的规定执行。

③财政部门应当实行严格的工程监理制度，委托经过招标确定的监理单位进行监理。工程监理单位应当依照国家法律法规及相关技术标准、设计文件和工程承包合同，对承包单位在施工质量、工期、进度、安全和资金使用等方面实施监督。

④财政部门的财会部门应当加强与承包单位的沟通，准确掌握工程进度，根据合同约定，按照规定的审批权限和程序办理工程价款结算，不得无故拖欠。

⑤财政部门应当严格控制工程变更，确需变更的，应当按照规定的权限和程序进行审批，重大项目变更应当按照项目决策和概预算控制的有关程序和要求重新履行审批手续。因工程变更等原因造成价款支付方式及金额发生变动的，财政部门应当提供完整的书面文件和其他相关资料，并对工程变更价款的支付进行严格审核。

9.6.5 财政部门工程验收的控制活动

①财政部门收到承包单位的工程竣工报告后，应当及时编制竣工决算，开展竣工决算审计，组织设计、施工、监理等有关单位进行竣工验收。

②财政部门应当组织审核竣工决算，重点审查决算依据是否完备，相关文件资料是否齐全，竣工清理是否完成，决算编制是否正确。应当加强竣工决算审计，未实施竣工决算审计的基建项目，不得办理竣工验收手续。

③财政部门应当及时组织基建项目竣工验收。交付竣工验收的基建项目，应当符合规定的质量标准，有完整的工程技术经济资料，并具备国家规定的其他竣工条件。验收合格的基建

项目，应当编制交付使用财产清单，及时办理交付使用手续。

④财政部门应当按照国家有关档案管理的规定，及时收集、整理工程建设各环节的文件资料，建立完整的基建项目档案。

⑤财政部门应当建立完工项目后评估制度，重点评价基建项目预期目标的实现情况和项目投资效益等，并以此作为绩效考核和责任追究的依据。

9.7 财政制度管理模块的控制活动

内控模块中的制度是指财政部门按照法定权限和程序制定的，具有普遍约束力、可以反复适用的、作为今后安排财政部门管理依据的命令、决定、规定、规则、办法、意见、实施细则等书面文件的总称。制度管理是指为提高制度的科学性、可行性，确保制度合法性，保证制度导向正确、执行有力、反馈及时，规范制度动议、制定、执行、清理等过程而制定和实施的一系列控制方法、措施和程序。

为了规范财政部门各项制度的制定、执行和清理，保证财政部门各项制度的有效实施，应该对财政部门的制度管理进行有效的内部控制活动。在实践中，地方财政部门的制度管理包括制度动议、制度制定、制度执行与制度清理等多个业务模块，这些主要的业务模块存在的关键风险点包括：

①制度是否具有制定的必要性和可行性，是否符合公共财政履行职责需要，是否由于没有经过广泛调研，会可能导致制度动议无效。

②制定出来的制度是否科学合理、明确具体、稳定、科学

及具有可操作性，制度的执行是否会存在失效，制度执行是否缺少监督，导致有令不行。

③制度梳理不系统，可能导致制度缺乏全面性。

财政部门应当建立制度动态管理机制。在拟定新制度措施的同时，要对原相关制度进行梳理，通过对文件清理、废止或修订，建立新老制度有序衔接、制度适时调整的机制，以保持制度的稳定性和连续性，提高制度效率；应当加强制度的前瞻性研究。重点关注国家即将出台的制度，进行有针对性的研究，从有利于财政部门的角度提出工作思路建议，及早考虑贯彻实施的具体措施。根据上述的关键风险点，针对地方财政部门制度管理的控制活动包括：

①各级财政部门可以在自己的职能范围内提出有关的制度制订计划，涉及两个或两个以上财政职能部门的事项，应当联合提出制度制订计划；财政部门提出制度制订计划前，应当深入调查研究，总结实践经验，广泛听取各方面的意见，听取意见可以采取书面征求意见、召开座谈会和论证会等多种形式。

②财政部门的制度制定是指制度的计划制定、调研论证、草拟文稿、征求意见、正式发文等过程，包括由财政部门根据工作需要制定的制度文件，也包括财政部门在转发上级制度文件时，提出本财政部门的具体意见，增加实质性制度内容的转发文件；财政部门有关机构在充分调研论证的基础上，草拟文件初稿。制度草案需要根据制度级别经过财政相关部门的集体审议通过后方可会签发文；应该由财政部门相关机构、办公室按会签公文办理程序完成发文过程。规范性文件正式发文后，应该由相关机构向财政部门办公室送交正式文本办理备案。

③财政部门制度执行是指财政各相关部门依照法定职责和法定程序贯彻、实施制度的活动，相关机构负责各类制度文件的贯彻执行，负责根据财政部门法定权限，结合实际情况，提出有关制度贯彻执行的具体意见，根据需要反馈制度执行情况；财政部门应当在制度执行一段时间后，对制度的实施情况

进行检查监督，应当将制度执行检查结果作为考核领导人业绩的一个重要依据；应当将制度执行检查结果形成书面文件，构成内部报告的组成部分；制度执行检查结果应当及时传递给财政部门内部有关管理层级，充分发挥其在财政部门经营管理中的重要作用。

④财政部门应定期对制度梳理与清理。制度清理是指财政部门根据经济形式变化、国家法律法规、规章和上级制度变化、业务管理需要等对财政部门制定的制度进行梳理，提出废止、修改的建议，或根据财政部门职责权限直接予以废止、修改的工作；财政部门应指定机构负责组织财政部门的制度清理工作，根据需要定期或不定期地开展制度清理，提出具体清理工作办法；财政部门其他机构根据制度清理工作要求，在其职责范围内开展制度清理意见、建议，送指定机构汇总。

9.8 财政部门行政管理模块的控制活动

财政部门的行政管理主要由公文管理、会议管理、值班管理、档案管理、车辆管理、接待管理、人事管理等多个模块组成，行政管理内部控制，是为了确保财政部门内部日常工作正常开展，所采取的规范各项行政工作管理工作的一系列程序和措施。这些主要的业务模块上存在的关键风险点包括：

①公文及相关材料内容是否合规、准确或失效；公文编制文号是否合理、准确，公章使用是否规范；收文登记是否完整，拟办意见是否规范并及时分办，公文办理是否及时向领导反馈。

②拟定会议方案是否符合规定，经费安排是否符合财经纪

律规定。

③档案资料管理是否完整、准确，保管是否安全。

根据上述的关键风险点，针对地方财政部门行政管理的控制活动包括：

①财政部门的处（科）室依据事项按照公文规范，确保文稿内容准确、真实，办公室严格核稿；明确专人负责管理使用公章；办公室及时收文登记并监督处（科）室办理与修改情况，及时反馈给领导。

②会议筹办处（科）室需要拟定完整的会议方案、议程与参会人员等信息，对会议经费合理测算，编制经费预算，报相关部门审批，并办理相关财务支出手续；对会议文件进行核稿。

③档案管理业务必须按照规定的程序进行，档案室接受处（科）室移存的档案材料时，需审核档案目录的正确性，档案材料的完整性；档案管理者必须严格对照相关保密规定要求，防止出现泄密事件发生。

当然，例如值班管理、车辆管理、接待管理、人事管理等多个模块的内部控制活动都有自己本身的特定的内部控制方案，这有赖于财政部门根据本部门的实际情况给予设计。

第 10 章

地方财政债务风险的控制活动

当前，由于受地方经济发展需要、财政职能扩展、分税制财政体制不完善、财政功利主义与预算软约束等多重因素的影响，地方政府负债规模不断膨胀。审计署 2013 年 6 月发布的对 36 个地方政府本级政府性债务审计结果表明：截至 2012 年底，36 个地方政府本级政府性债务余额 38475.81 亿元（其中：政府负有偿还责任的债务 18437.10 亿元、政府负有担保责任的债务 9079.02 亿元、其他相关债务 10959.69 亿元），比 2010 年增加 4409.81 亿元，增长了 12.94%。其中，从债务率看，36 个地方政府本级中有 16 个地区债务率超过 100%；从逾期债务率看，36 个地方政府本级负有担保责任的债务和其他相关债务的逾期债务率分别为 0.59% 和 0.75%，分别比 2010 年上升了 0.16 和 0.48 个百分点。[①] 上述债务数据表明，地方政府债务风险日益显性化，这会影响到地方财政的稳固与平衡，冲击政府的公共信用体系，进而威胁到全国宏观经济的

① 中华人民共和国审计署网站：http：//www.audit.gov.cn/n1992130/n1992150/n1992500/3291665.html。

稳定。因此，地方财政通过内控活动来预警、评估与控制地方财政债务风险、保证本部门的财政安全成为内控制度最重要的功能（见表10－1）。

表10－1　　地区政府信用评级的主要评估内容

1. 地区经济
· 经济发展水平与经济增长，主要包括GDP、人均GDP、固定资产投资、社会消费品零售总额、工业增加值、进出口、主要产品产量等的增长状况及经济发展水平评价；
· 经济结构，主要包括产业结构、所有制结构、经济多元化与集中度等；
· 经济发展政策与规划，主要包括地区经济发展规划、发展目标与发展计划、产业政策、支柱产业、政府重点建设项目（包括在建项目、规划项目、资金来源、完成投资）等；
· 经济发展竞争力；
· 经济发展预测。
2. 政策法规、管理体制与管理水平
· 政策法规，主要包括财政政策、税收政策、收费政策、政策连续性等。
· 管理体制与管理水平，主要包括行政管理、预算管理、财政总收入管理、财政支出管理、财政负债管理、建设项目与资金管理、转移收支管理、流动性管理、经营性国有资产管理、融资窗口管理等。
3. 财政状况
· 财政概况；
· 财政总收入分析，主要包括收入构成（包括一般收入、预算外收入、基金收入等）、比例、增长、弹性、可支配财政收入等；
· 财政支出分析，主要包括支出构成、比例、增长、弹性等；
· 财政负债分析，主要包括构成、期限、利率、或有负债等；
· 负债水平分析，包括负债率（调整后的负债总额/可支配财力）等；
· 财政收入、支出、负债预测。
4. 偿债能力
· 包括偿债倍数（年度可支配财力/年度还款额）、偿债能力预测等。
5. 偿债意愿
· 包括偿债计划、偿债预算、偿债基金以及历史信用记录等。

资料来源：联合资信评估有限公司：《地区政府信用评级方法》。

关于政府债务类别和财政风险类型的研究，权威代表是波拉科瓦发表的《政府或有债务：一种威胁财政稳定性的隐性风险》（2001、2002）。哈纳·波拉科瓦认为政府面临着四种财政风险，每一种风险从广义上都可以定义为负债。每种负债均具有以下四个特征中的两个：显性的与隐性的、直接的与或有的。在从两个角度对政府负债作出划分之后，哈纳·波拉科瓦又进一步把上述四种政府负债进行了组合，从而得到了财政风险矩阵中反映出来的四种政府负债类型，即：直接显性负债、直接隐性负债、或有显性负债和或有隐性负债，这就是著名的财政风险矩阵，这一研究成果后来成了政府债务和财政风险的主流分析框架。①

关于地方财政债务风险管理制度的研究。世界银行专家威廉·伊斯特利和大卫（2003）② 在《建立政府资产负债表：对哥伦比亚和委内瑞拉政府的案例分析》中论述了运用资产负债表来评估政府财政状况及财政风险情况。他们认为“政府的资产负债表可以评估财政的可持续性”即评估政府债务风险，利用资产负债表评估有两种办法：一种是差额法，即预测资产负债表中的资产和负债，根据资产与负债的差额为正值还是负值来评估财政的可持续性。另一种方法是比例法，即从流量角度评估政府财政的可持续性。

关于政府债务风险评估与监测的研究。由于以往缺乏专门评估和控制政府债务风险的经验，因此，一些被用在企业部门的风险评估和度量技术被移植和运用到政府债务风险评估监测领域。森达里桑将监测和评估金融部门和企业的债务风险评估工具引进到政府债务风险监测评估领域。实践中，一些地方政府也尝试性的采用了政府债务风险预警机制。典型的有美国俄亥俄州模式和哥伦比亚的“红绿灯”预警模式。IMF（2005）

① Yuan Jingfeng, Deng Xiaopeng, Li Qiming. “Critical Risks Identification of Public Private Partnerships in China and the Analysis on Questionnaire Survey”. Nanjing. Wireless Communications Networking and Mobile Computing. 2008.

② William Easterly and David Yuravlivker. “Treasures or Time Bombs? EVALUATING GOVERNMENT NET WORTH IN COLOMBIA AND VENEZUELA”. World Bank, 2003.

研究了政府担保引致的债务风险问题，并建立了一套评估政府担保水平的监测指标体系。世界银行相关专家（2002）建立了一套以预期最低和最高借款需求为关键指标的地方政府债务风险评估和检测体系。[1] 在地方政府债务风险预警评估方法选择上，学者们主要运用预警指标体系评价、物元评价模型与群决策集结算、粗糙集—BP 神经网络等技术方法、AHP 与风险灰色评估预警方法，这些方法也作为内控方案被用于地方财政部门的内控活动中。

10.1 地方财政债务风险预警路径与原则

地方财政债务风险预警系统是以地方财政债务数据为基础，选择预警指标和模型对地方财政债务风险进行识别、评估及预警的动态监测体系。在实践中，一个成熟的地方财政债务风险预警系统应该由多个模块共同组成，包括债务数据库、预警指标体系、预警方法及模型、风险评估报告以及预警决策系统等，核心部分是预警指标体系与预警方法及模型的选择。

图 10 - 1 中：

①数据库是地方财政债务风险预警系统运行的前提与基础，它通过对历史数据或者预测数据的整合，梳理出管理目标所需要的信息，进而对地方财政债务风险的识别、预警与规避提供基础依据。

②预警指标体系是地方财政债务风险预警系统运行的核心

---

① Jeanne O. & Guscina, A. "Government Debt in Emerging Market Countries: A new Data Set". IMF Working Paper, 06/98. 2006.

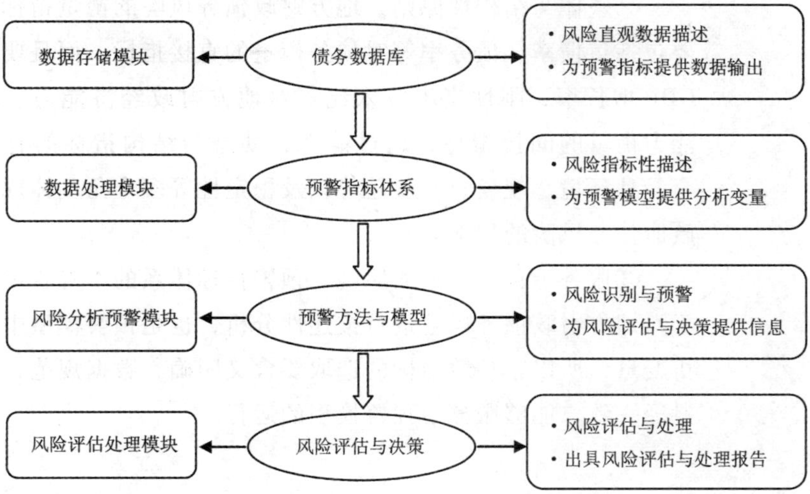

图 10－1　地方政府债务风险预警路径

模块，指标主要来源于国内外公认的对债务风险的衡量指标，它既可以对地方财政债务风险程度进行多个单指标的衡量，也可以为预警模型提供分析变量，综合考量地方财政债务风险程度。

③预警方法与模型是地方财政债务风险预警系统运行的关键模块，预警方法与模型的选择取决于地方财政部门债务数据的获取度、指标体系的选择以及地方财政部门的预警目标。

④风险评估与决策是地方财政债务风险预警系统运行的总结模块，它主要对风险预警模型运行结果作出风险评估的处理，并出具风险评估报告，以及对相应的风险进行决策。

特别需要指出的是，上述地方财政债务风险预警指标的选取要遵循一些基本的原则：

①数据的可得性原则。由于受国家政策或地方财政数据统计能力等因素的约束，一些预警指标的数据是不可获得的，譬如当年地方财政赤字额，这就要求在选择风险预警指标与方法时，要遵循数据的可得性原则，使整个预警体系能够运用于实践。

②整体与结构性原则。地方财政债务风险的衡量指标不仅要包括负债率、债务率等对债务衡量的直接指标，而且要包括GDP增长率、刚性支出收入比等对地方财政经济能力、财政能力衡量的间接指标，通过静态、动态与结构指标的有机结合，从环境、规模、发展趋势以及稳定性等多个角度体现地方政府债务风险的程度。

③服务于预警模型的原则。预警指标体系的本身既可以用于对地方财政债务风险进行描述性分析，也是预警模型中的分析变量，所以，预警指标的选取要含义明确，数据规范，统计口径一致，能够服务于预警模型的运行。

10.2 地方财政债务风险的内控活动

对地方财政债务风险的防范与规避是个庞大的系统工程。回顾世界债务管理的实践，无论是发达国家还是发展中国家，债务管理都存在一个显著的发展或进化进程。发展进程所经历的过程受一些因素的影响形成，这些因素包括：国家借贷或管理公共债务的环境，债务管理者的能力水平和熟练程度等（迈克·威廉姆斯，2010）。债务管理的发展阶段可描述如图10－2。

第一阶段的主要特征是：发行非市场基础的债务，为到期的债务筹集资金。这一阶段的非常重要的功能是记录、服务、解决债务交易，以及加强对政府担保和或有负债的监管。

第二阶段的主要特征是：各国越来越重视在风险管理的框架下管理债务，以及债务管理与所有政府现金流的整合。在实际操作中，政府不再获取优惠资金，而是越来越多地期望发展

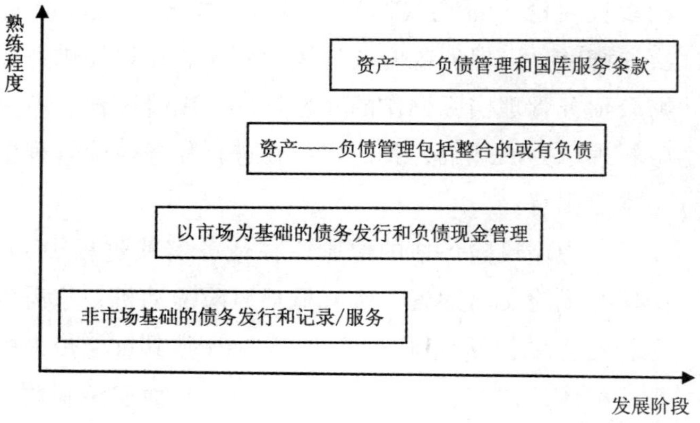

图 10－2　公共债务管理的发展阶段

注：引自：迈克·威廉姆斯：《政府债务管理》，中国金融出版社 2010 年版。

以市场为基础的资金来源，以及期望发展政府证券的国内市场。

第三阶段主要特征是：资产与负债（包括或有负债）的全面整合和整合资产负债表的管理方法。其中，加拿大、丹麦、新西兰和英国都进入了这一阶段。

第四阶段主要特征是：包含代理服务，代理服务按照财政部的规定服务于其他政府机构、次级国家政府或者地方当局。

对债务管理各发展阶段的描述，可以为地方财政的债务管理提供理念上的参考，但地方财政在债务管理的实践中，一定要遵循本级财政债务规模与结构特征，建立科学、合理与有效的管理体系。而一般的做法是：应该设计一个对地方财政债务风险的管理体系，搜寻地方财政每项直接债务、或有债务和隐性债务的总量规模、偿还需求、还款情况、违约成本等相关风险的信息，对这些信息甄别、筛选与跟踪，充分剖析这些风险给地方财政带来的即有与未来的成本，并基于此进行防范、预警与规避这些风险。

到目前为止，国际上还不存在通用的债务风险管理系统，每个国家根据自身的情况来制定相关的债务风险管理条例。美国教授阿伦·希克（2003）认为，即便如此，应制订财政务实原则，可以促使政府改进风险管理，可以提供评估目前地方财政债务管理实际操作的一些标准。结合阿伦·希克对债务风险管理原则的理解，我们建议在进行债务风险管理中应遵循的基本原则有：

①遵循风险评估的原则。在债务实践过程中，参与借债、担保等风险交易的各方都有低估风险的动机，这需要财政在产生新的直接、或有债务时，应及时评估其可能带来的风险，而且这种风险评估应由第三方来承担，从而避免利益冲突，做到客观公正。

②遵循风险报告的原则。财政在管理过程中，应定期的显示与报告风险，更新债务数据库。其中，特别要关注容易被财政忽视的或有负债余额，显示这些或有负债发生的依据与损失的概率。报告应该区分可量化和不可量化的风险，可量化的风险要估算风险量和损失概率，无法量化的风险，应在报告中简述此类风险。

③遵循程序管理的原则。财政应要求各债务的负担与使用者应遵循严格的程序、进行风险数据整理以及评估。具体内容应包括：要求设定评估风险和损失的程序，进行风险或成本分摊的安排，当因违约或者其他事件引起损失时，各财政单位应有何种保护等。

④遵循风险分担的原则。财政作为债务担保者身份时，应该具有降低债务风险的意识，在财政与债务使用者之间明确成本和风险分摊办法，抑制道德风险，以减少损失概率和数额，最典型的方法是将一部分成本和风险转移至那些能够从担保和或有负债中获益的机构，同时，为自己承担的风险划拨出必要的准备金。

上述四项原则可以作为管理债务的一种理念，其基本目标是力求能准确地评估本级财政债务风险程度，最大限度地避免债务风险的发生，维护本级财政资源的安全。在这些财政务实原则的指导下，应在管理地方财政债务，防范与规避地方财政债务风险方面制定出具体的策略。

10.2.1　地方财政债务风险内控的制度环境

对地方财政债务风险的管理没有统一的管理模式和最优的管理手段，但存在着一个适合于本级财政的合理的做法，迈克·威廉姆斯（2010）认为：债务管理合理的做法意味着一整个财政范围内的整合风险管理框架，以及一个坚定的风险管理理念，这种风险管理有风险管理政策、约束条件并符合监管。这将包括合适的做法合理、政策、分析方法和技术、确定、衡量和管理风险的基础设施，以及可以用来定价、评估、记录、确认、结算，承购所有公共债务和与债务有关的交易，并支持债务管理部门的运行的财政系统。

（1）要建立一个有效的财政债务的管理机构

面对地方债务风险比较严峻的事实，地方财政可以考虑设立专门独立的债务管理机构，至少可以在相关科室重点明晰这一管理职责。从现实需要分析，将债务管理机构及职能明晰化是债务管理的一个主流趋势：

第一，财政债务管理机构与实质性的融资部门严格区别开来，有利于一级地方财政全局性、持续性债务战略的形成。

第二，财政债务管理机构或职能的独立化有利于在债务管理执行上更加专业，增强其有效性。

第三，财政债务管理机构或职能的独立化有利于避开财政部门中繁杂的行政管理流程。而这个独立的债务管理机构的最大职能是：在充分了解与分析财政资产、负债、收入、支出等经济指标的基础上，保证财政能够获得高质量的债务战略信息，进而为财政的债务融资、偿还与管理等决策提供可靠依据。

（2）要构建一个明确清晰的债务管理制度框架

在实践操作中，不但要使财政债务管理机构或职能独立化，而且在此基础上要有一个明确清晰的债务管理制度框架。

第一，财政债务管理的目标和战略必须是透明务实的，其目标和战略一定要契合地方财政经济发展的根本目标，擅长将一个层级地方财政的资产负债表和债务管理战略一体化，使用财政的资产负债管理框架来分析财政面临的可能风险。

第二，债务管理者的实际操作职责应该是清晰的，比如为财政的融资路径提供建议，考量融资综合成本、分析偿债资金的来源、制定负债项目的监管措施以及为财政现金流的管理提供方法等等。

第三，开发并采用债务信息管理系统。先进的债务信息管理系统是债务管理与风险防范的有效工具，一个良好的债务信息管理系统不但能以综合数据库的形式对债务数据进行记录、清算、确认、支付、估值、绩效与风险分析、控制与检测，而且能对债务未来趋势作出预测与预算，甚至能作出决策。

（3）要构建具有科学合理的债务绩效评估与监管体系

债务绩效评估与监管体系基础的功能是：评估财政债务框架中的各参与方在债务融资、使用、偿还时的操作效率，并通过相应的监管使债务管理的每个环节能够有效地并且高效率地执行。迈克·威廉姆斯认为债务管理的绩效评估有三个维度：债务战略本身，任何所采用战略的执行，以及债务管理者作为一个整体操作的成本效率。马文·安东尼认为一个合理的债务管理绩效评估框架有许多特征：

首先，债务管理目标应该被转化为一个定义清晰的债务战略，转化成的债务战略反过来通过详细说明的组合管理指导被表达出来。

其次，对于委托给债务管理机构的决策应该有一个清晰的描绘，并且还应该对债务管理者所享用的判断力有一个清晰的描绘。

再次，为评估建立和执行债务战略所作出的决策，以及这些决策后续的成果或结果，制定相应的原理、规则、标准以及时间范围。

最后，需要有一个清晰的治理框架来报告债务战略和债务实施的评估。

基于以上所述，一个有效的债务监管框架的因素应包括：设置清晰的组织目标，阐明谁来为基于基本标准的绩效审查负责任，以及应用适当的奖励与惩罚机制。

10.2.2　对直接债务风险的内控活动

对直接负债的管理与风险规避主要集中在以下几个方面：如何对直接负债的规模进行合理化确定；如何对直接负债举借程序进行科学化决策；如何对直接债务进行合理化使用；如何建立健全直接债务的定期统计报告制度。

（1）合理控制直接负债的规模风险

对地方财政直接负债的规模评估及控制，主要体现为对财政新增债务额和直接债务余额的评估与控制两个方面，地方财政要根据财政年度实际资金需求状况，编制当年财政综合资金计划，来确定年度财政债务额，并通过借款额、债务率、新增债务率、限制借款时间和限制偿还债务等刚性指标作为检测标准，科学确定直接负债规模，譬如，可以规定借款额必须小于或者等于资本性预算的规模，短期收入预借不得超过经常性净收入的 10% 等指标对新增债务规模进行确定与控制。

直接债务余额的评估与控制，可以借鉴一些国家的做法，如哥伦比亚建立了地方财政借款的“红绿灯”模式，债务利息支出占经常性盈余的比率大于 40% 以及债务余额占经常收入比率高于 80% 的地方财政，意味着财政已经丧失了债务规模扩大的空间，这样可以合理地控制直接债务的规模，减少风险的发生概率。

（2）严格举债程序来控制直接负债的风险

首先，要建立统一的直接债务管理体系。这一体系应该是以财政部门为主体的各职能部门联动的财政债务管理机制。在此基础上，制定严格的直接债务举借与偿债的业务流程。

其次，坚持直接债务的审批制。在审批直接债务中，坚持举债项目与单位职能相一致的原则。项目筛选应坚持有偿还能力与高信用优先、战略性项目优先、经济效益或社会效益高的项目优先原则，一般要求举借债务的财政部门提供债务申请书、财务报告及其他资料。

再次，坚持举债项目的总投资规模、举借财政债务总规模与项目预算规模相配套的原则，在债务申请书中，应该明确标明项目名称与内容、包括数额、来源、期限、利率、用途等债务要素。

最后，严格审查举债项目的配套资金来源、后续需要投入的资金情况和偿债资金渠道，综合分析举债部门的偿债能力，进而予以相适应的举债规模控制，并对列入计划的财政直接债务视同预算资金进行监督管理。

(3) 提高直接债务资金使用过程中风险控制力度

首先，要认清直接债务的起源与性质，分类地进行存量债务偿还方式的安排，如对具有盈利性项目投资的直接债务偿还责任，应该在事前、事中与事后都力求遵循市场化的管理模式，而对公益性项目的直接债务，将偿债资金纳入财政预算管理，并保证偿债资金来源的稳定性；

其次，加强对财政负债投资项目的管理，明确财政负债建设项目、投资、规模和偿还本息等，财政部门要参与财政投资项目的立项、资金预算、资金拨付和竣工后的决算，实行全程追踪问效机制。

再次，要对直接负债使用过程进行监控，严格执行直接负债预算安排、项目合同的约定，严格直接负债拨付程序，在财政债务项目建设过程中，凡工程、货物和服务标的额达到采购限额的，应当按照有关规定实行招标采购。

最后，财政资金项目债务人应当在项目完成后，向同级财政部门、审计机关、资金办提交使用财政债务资金项目终结报告，各机关应当对项目资金使用情况进行全面审计，并客观地出具审计评估结论。

（4）建立健全直接债务的定期统计报告制度

在地方财政债务风险识别、预警与规避的管理中，对债务进行定期统计报告制度是个前提性与基础性的工作，这项工作有利于及时掌握地方财政债务总量、结构、性质以及变动情况，有利于实现对财政债务的动态监控，建立地方财政债务规模管理和风险预警与规避机制。在实践中，各层级财政部门要执行本辖区直接债务的定期统计报告制度，最后汇总到上级财政局，并由其对相关数据汇总分析，形成文字资料向相关职能部门汇报。债务统计范围包括各级机关、事业单位、各融资平台等部门形成的债务，遵循全面、真实的原则，统一填报口径，认真填报相关数据，并于每一季度10个工作日内上报上一季度的统计报表，将债务指标的纵向与横向比较结论与风险程度反馈给上报部门，以利于他们对债务风险作出正确的判断。

（5）建立健全偿还债务基金制度

当前，对于地方财政债务风险的防范与治理，学术界的一个观点是：建立健全偿还债务基金制度。学者们认为的总体可行的方案是：以总预备费的形式建立一笔稳定可靠、逐年滚存的财政风险准备金，专门用于财政或有债务带来的风险，是防止风险扩散转嫁的最有效的制度安排。同时归纳出目前我国偿债基金规模确定主要有以下方法：

第一，被担保借款单位每年要按照实际到位的累计借款额的一定比例，以其自有资金缴纳偿债基金，直至达到规定的缴款比例；

第二，被担保的借款单位使用转贷资金投资项目有收益的，自收益之日起，每年按照收益项目总额的一定比例缴纳偿债基金，直至达到借款总额的一定百分比；

第三，各级地方财政部门每年在编制预算时，要按照本级财政债务总额的一定比例安排偿债基金。这些理念与方法可以被财政有选择地在实践中应用。

10.2.3 对或有负债风险的内控活动

在实践中，或有负债包括或有显性负债与或有隐形负债，它有时比直接负债更会威胁到财政安全，主要原因在于：

①或有负债产生风险的概率、风险的大小难以评估，特别是对或有隐形负债风险更难以识别、度量，也难以评估其成为现实的程度，使财政很难有效地控制风险的发生。

②财政很少将或有负债责任汇总，并将其纳入综合财政分析与支出规划中，有时财政还没有意识到有效设计、监督和管理其涉及的或有负债项目以控制风险的重要性。

③融资来源的有限或者不可靠，现金与债务管理的复杂性，以及具有较低的分析与风险管理能力的地方财政往往难以应付由于或有负债的存在带来的潜在的道德风险与支出的不确定性。

在实践中，要准确量化财政或有负债到底有多大规模是比较困难的，尤其是或有隐性负债更是如此。学者研究了几种可以计算、评估或有负债规模的方法，譬如运用风险概率、保险精算技术、计量经济模型和或有权益分析量化或有负债。鉴于或有负债有可能会给地方财政带来更大的债务风险，所以必须加强对或有负债的管理以及对其风险的防范与规避。

①加强对由于 BT 类项目而产生的或有负债战略性与安全性的论证。为了从根源上有效地防止或有负债给地方财政带来的债务风险，必须从源头上对产生或有债务的 BT 类项目的战略性与安全性进行论证，参与方应包括发改委、财政部门、BT 类项目建设部门等。

首先，要考虑 BT 类项目是否符合国家与地方财政的整体战略布局、区域经济发展、社会事业发展、城市基础设施功能布局等需要，确定项目选择的优先顺序，这主要是衡量因 BT

类项目而产生的长期财政成本的合理性。

其次，要考虑 BT 类项目是否符合财政的立项标准，要评估项目的风险与财政的风险管理禀赋是否一致，按照财政风险的承受能力去承担相应的风险。

最后，要考虑财政拥有的相应的权力是否与其在 BT 类项目中所承担的责任相一致，明晰财政介入的标准与财政责任界限，保证财政或有债务的安全性。

②加强对由于 BT 类项目而产生的或有债务风险成本的评估。在实践中，财政在选择 BT 类项目时，不仅应以它们的潜在成本、成本的不确定性和财政的收益为基础，还有考虑它们涉及的未来融资的不确定性（如财政或项目承担者向资本市场融资）的程度。另外，还要考虑 BT 类项目利益方对财政隐藏风险的可能性等信息不对称的程度，以及获得信息与监控等交易成本大小。要单独评价每个项目的风险，测算责任的潜在财政成本，必要时设立风险准备金，建立风险分担及对项目的监督与控制机制。

③加强对由于担保而产生的或有债务风险成本的评估。在实际中，财政通常提供担保，以全部或部分地承担被担保人无法偿还借款所带来的责任，通常包括为公共部门和私营部门的债务或其他责任提供担保。在担保过程中，地方财政面临的风险与被担保者的信用、担保额度与担保期限呈正相关，因此，在担保合同中要明确财政与其他担保人的担保范围、风险类别等要素，一般来说，可根据类似担保违约的历史数据来粗略估计风险的大小，在合适的情况下，可以采取譬如数量经济学、保险精算法等方法来对担保进行评估，从而为财政选择支持形式和担保合同的设计提供依据。

④在执行 BT 类项目与担保过程中坚持财政职责界限与透明度。在财政批准与参与某项 BT 类项目或者作出某种担保承诺后，一般有一个相当长的责任承担期，在这段责任承担期内，坚持原有的财政责任界限，要保证财政不受市场或者参与

项目各利益方的压力，而提供超过原有财政职责范围的额外支持，因为这种提供额外支持的任何迹象，都可能增加项目受益方的道德风险。要保证财政对责任进行充分的预算、会计核算、设立准备金，并充分披露信息。更重要的是，财政需要监控项目风险因素、项目代理人的业绩与风险准备金的充裕程度。

⑤加强对 BT 类项目与担保项目的资金使用的动态监控。地方财政部门应该及时了解 BT 类项目以及担保项目建设进度，项目的投融资、支出、余额等资金使用与管理的基本情况，必要时可以编制项目的资金统计月报，进行合理的动态性监控。同时，对各年度的还款计划进行详细的科学规划，通过年度财政收支情况预测，已经还款来源稳定性的评估，分析财政资金现金流能力，周密安排资金偿还期限，避免出现偿债混乱，防范流动性风险。

⑥对 BT 类项目与担保财政必须严格履行其责任与承诺。在实践中，一旦财政承担的责任和承诺按照事先的规定需要履行时（对担保而言，被担保人债务到期而无论是否偿还），财政必须严格履行自己的承诺和责任，以维护财政的公信力，防止导致更大风险的发生。同时，财政要比较与公布财政负债或承诺的估计成本和实际成本，对项目的事前风险评估和实际支出进行比较并予以披露，作为考察财政部门业绩的指标，并对失败的项目追究责任，以提高项目的严肃性，建立风险规避的责任机制。

诚然，地方财政或有债务的种类不仅仅限于 BT 类项目与担保，针对每一类或有债务可能产生不同程度的风险，要根据具体情况制定相应的对策予以规避，核心策略主要有：如何设计和应用或有负债的管理框架与管理工具；对或有负债的风险，财政应该承担何种程度的责任或何种程度的参与度；如何计算财政或有负债中的预期损失的弥补数量大小等。

另外，地方财政要加强债务管理的内部控制，还要建立健全和严格遵守债务信息公开披露制度，对地方财政显形债务和隐性债务做比较准确的确认计量并定期公布，增加外界对其债务规范性的监督；要根据具体的情况，合理界定本部门的债务存量余额水平，定期总结调整债务资金预算的执行情况；在部门内部建立严格的债务投资决策责任制，对投资项目及方案进行民主讨论表决，提高债务使用的科学性和效果的理想化；在会计核算上，必须区分利息和本金，与或有负债有关的风险必须进行估计并确认。

10.3
地方财政债务风险预警的内控活动案例——以 A 县为例

我们将以 A 县的相关债务数据为基础，尝试运用 AHP 与风险灰色评估预警方法对地方财政债务风险预警的内控活动作案例分析，主要理由在于：第一，该模型是主观赋值与客观赋值相结合的方法，各级财政部门可以根据当地的经济与财政发展状况，对评价指标在模型中的权重作出主观判断，使模型运行出来的预警与评估结论更符合本地财政债务风险程度的实际状况；第二，由于近几年地方财政刚刚进行完整的债务数据统计，较长的债务时间序列数据不容易获取，而该模型在预警与评估债务风险时只要求某一时点的地方财政债务数据，遵从了数据可得性原则，使研究成果能够在各级地方政府债务管理中得以普遍应用。当然，对地方财政债务风险的预警还有很多更主流的计量方法。

AHP 法是美国匹兹堡大学教授萨迪于 20 世纪 70 年代提出的一种系统分析方法，是一种对定性问题进行定量分析的简便、灵活而又实用的多准则决策方法。层次分析法解决问题的思路是：首先，将选择的层次各要素进行聚类组合，形成一个递阶的有序的层次结构模型；其次，依据人们对现实的判断给予层次元素定量表示，确定每一层次元素相对重要性次序的权值；最后，通过综合计算各层元素相对重要性的权值，得到方案层相对于准则层和总目标的相对重要性次序的组合权值。就本书的研究而言，AHP 法主要完成对已选债务风险预警指标权重的测算。

风险灰色评估方法是由我国的邓聚龙教授于 20 世纪 70 年代提出的一种研究少数据、贫信息不确定性问题的新方法，该理论已经成功应用于农业、经济、交通、医疗、军事等领域。对我们的研究而言，假如某一层级地方政府存在 m 个地方政府债务风险评估指数，地区（i）的政府债务风险指标［J］的观测值为 x_{ij}，$i=1, 2, \cdots, n$，$j=1, 2, \cdots, m$，我们要根据 x_{ij}值对应的对象 i 进行评估、诊断。具体步骤：首先，要对地方政府风险的分指标（x_{ij}）划分 K 个灰类，即每类指标记为 x_j^k；其次，构造权函数 $f_j^k(.)$ 计算出 i 地区 j 分指标在不同灰类中权函数值（隶属度）$f_j^k(x_{ij})$；再次，计算出 i 地区第 K 个灰类综合聚类系数 σ_i^k，即 $\sigma_i^k = \sum_{j=1}^{m} f_j^k(x_{ij}) . \eta_j$，其中，$\eta_j$为指标 j 在综合聚类中的权重，最后比较 i 地区 k 个综合聚类系数，取它们最大的聚类系数 σ_i^{k*}，判别对象 i 属于灰类 K^*，即判断出地方政府债务的风险区间。

10.3.1 A 县债务风险的预警与评估的指标体系

结合 A 县 2012 年的债务数据情况，我们将选择被国内外学界普遍认可的 8 项指标用作 A 县债务风险预警评估模型的构建与实证，并根据国际公认的标准及专家的意见，确定各指标风险程度区域（见表 10－2）。

表 10－2　　A 县债务风险的预警与评估的指标体系

代码	指标及公式	债务风险程度区域			A 县指标的实际测算值
		安全区	中警区	重警区	
K_1	税收收入占比＝当年地方财政收税收入/一般预算收入	80%～100%	70%～80%	70%以上	91.56%
K_2	资产负债率＝年末财政债务额/年末财政资产额	0～10%	10%～70%	70%以上	51.61%
K_3	债务率＝地方财政债务余额/地方当年财政收入	0～100%	100%～200%	200%以上	154.86%
K_4	债务负担率＝地方财政债务余额（累计额）/地方当年 GDP	0～30%	30%～60%	60%以上	2.58%
K_5	债务依存度＝当年债务收入/地方财政支出额	0～10%	10%～20%	20%以上	13.46%
K_6	或有负债占比＝或有负债/债务余额	0～20%	20%～40%	40%以上	43.63%
K_7	担保债务占比＝年末担保债务余额/当年财政收入	0～70%	70%～150%	150以上	36.48%
K_8	逾期债务率＝年末逾期总额/年末债务余额	0～10%	10%～25%	25%以上	3.89%

数据来源：A 县指标的实际测算值是对 A 县 2012 年的经济与财政的调研数据进行整理与测算所得。

从表 10－2 不难看出，从 8 个单一的地方债务风险预警与评估指标分析，A 县的税收收入占比、债务负担率、担保债务占比及逾期债务率处于风险的安全区，资产负债率、债务率及债务依存度处于风险的中警区，而或有负债占比处于重警区。那么，这就需要运用 AHP 与风险灰色评估预警方法来综合考量 A 县地方财政债务风险的程度。

10.3.2　对 A 县地方财政债务风险的实证分析

（1）建立层次分析模型

我们将根据 AHP 法的相关技术原理，构建出目标层、准则层与方案层及相关元素层次分析模型。A 县财政债务风险层次分析模型见图 10－3。

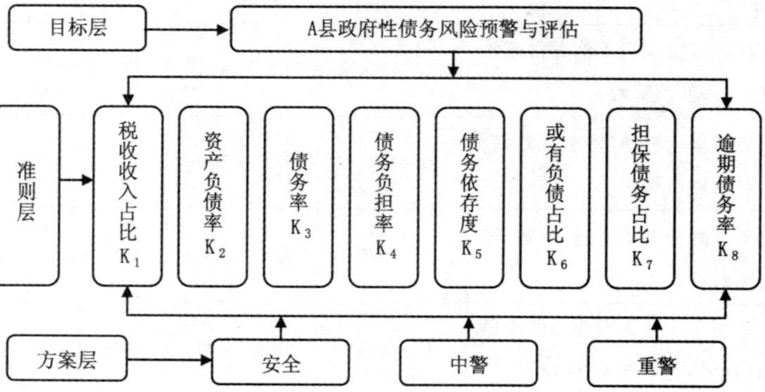

图 10－3　A 县财政债务风险层次分析模型

在层次分析模型中，目标层为 A 县财政债务风险预警与评估，共选择税收收入、债务率等 8 项核心指标作为准则层，方案层设定为“安全”、“中警”及“重警”三个层次。

（2）构造成对比较矩阵

AHP 法中成对比较矩阵主要用于比较层次分析模型中第 K_i 个指标与第 K_j 个指标相对于地方财政债务风险预警与评估这一目标层的重要性，并使用数量化的相对权重 a_{ij} 来描述，把 a_{ij} 在 1～9 及其倒数中间取值。其中：$a_{ij}=1/a_{ji}$，$a_{ij}=2n-1$，n＝1、2、3、4、5，所得数值 1、3、5、7、9 由低到高，分别代表元素 i 与元素 j 对目标层而言重要性相同、略重要、重要、很重要、极其重要；$a_{ij}=2n$，n＝1、2、3、4，所得数值 2、4、6、8 由低到高分别代表元素 i 与元素 j 对目标层而言介于 $a_{ij}=2n-1$ 与 $a_{ij}=2n+1$ 之间。我们以图 10－3 所示的 8 项指标由左到右顺序排列构建成对比较矩阵，则 $A=(a_{ij})_{8\times8}$ 成对比较矩阵如下：

$$A=\begin{bmatrix}1 & 1/2 & 1/3 & 1/2 & 1/4 & 1/3 & 1/3 & 1/2\\ 2 & 1 & 1/2 & 1 & 1/3 & 1/2 & 1/2 & 1\\ 3 & 2 & 1 & 2 & 1 & 1 & 1 & 2\\ 2 & 1 & 1/2 & 1 & 1/3 & 1/2 & 1/2 & 1\\ 4 & 3 & 1 & 3 & 1 & 2 & 2 & 2\\ 3 & 2 & 1 & 2 & 1/2 & 1 & 1 & 1\\ 3 & 2 & 1 & 2 & 1/2 & 1 & 1 & 1\\ 2 & 1 & 1/2 & 1 & 1/2 & 1 & 1 & 1\end{bmatrix}$$

上述矩阵赋值的途径主要采取的是指标结构分析与权威专家评判的方法，矩阵中显示出的数值代表指标间对目标层重要性的比较，譬如，一行一列的1/2就代表资产负债率与税收收入占比相比要略重要一些。由于我们选择的都是核心指标，所以重要程度都很接近。

（3）矩阵一致性的检验

衡量成对比较矩阵 A 不一致程度的指标可以用 CI 来表示，而 CI 用以下公式求得：

$$CI=\frac{\lambda_{max}(A)-n}{n-1}$$

其中，λ_{max}（A）为 A 矩阵的最大特征值；n 为矩阵阶数。CI 值越大，矩阵不一致的可能性就越大。

另外一个评价指标为 RI，RI 称为平均随机一致性指标，它只与矩阵阶数 n 有关。两个指标相结合，生成了计算成对比较矩阵 A 的随机一致性比率 CR 这一综合指标：

$$CR=\frac{CI}{RI}$$

利用 CR 判断成对比较矩阵 A 的随机一致性的标准为：当 CR < 0.1 时，判定成对比较矩阵 A 具有满意的一致性，或其不一致程度是可以接受的；否则就调整成对比较矩阵 A，直到达到满意的一致性为止。

我们主要运用 Excel 这一文档处理工具来完成矩阵的一致

性检验任务，其数学性原理不做过多的解释。

表 10-3　　矩阵的一致性检验的 Excel 处理表

准则层的一致性检验													
指标	K_1	K_2	K_3	K_4	K_5	K_6	K_7	K_8	按行相乘	开 n 次方	权重 Wi	Awi	AWi/Wi
K_1	1	1/2	1/3	1/2	1/4	1/3	1/3	1/2	0.00116	0.42947	0.04863	0.59157	12.16471
K_2	2	1	1/2	1	1/3	1/2	1/2	1	0.08333	0.73300	0.08299	0.84288	10.15640
K_3	3	2	1	2	1	1	1	2	24.0000	1.48774	0.16845	1.62992	9.67599
K_4	2	1	1/2	1	1/3	1/2	1/2	1	0.08333	0.73300	0.08299	0.84288	10.15640
K_5	4	3	1	3	1	2	2	2	288.000	2.02966	0.22981	1.99732	8.69118
K_6	3	2	1	2	1/2	1	1	1	6.00000	1.25103	0.14165	1.01207	7.14486
K_7	3	2	1	2	1/2	1	1	1	6.00000	1.25103	0.14165	1.01207	7.14486
K_8	2	1	1/2	1	1/2	1	1	1	0.50000	0.91700	0.10383	0.40766	3.92623
										8.83194	1		8.63258

表 10-3 EXCEL 电子表格中的权重 $W_i = \frac{k_i}{k_1 + k_2 + \cdots + k_8}$，这一结果相对应的数据就是 K_1、K_2，…，K_8 的在考核指标中的权向量，即权重，如果矩阵的一致性检验被通过，这一权重将成为计算综合风险的指标权重。

利用 EXCEL 电子表格计算过程中，向量 AW 为判断矩阵 A 的各行元素分别与向量 W 的分量 W_I 相乘之后相加生成，它作为求矩阵最大特征值的中间变量，而向量 AW/W_I 算数平均数 8.63258 即为成对比较阵 A 的最大特征根 λ_{max}（A）。

利用 EXCEL 电子表格中的数据，可得：

$$CI = \frac{\lambda_{max}(A) - n}{n - 1} = \frac{8.63257 - 8}{8 - 1} = 0.09037$$

而平均随机一致性指标 RI，可以从表 10-4 中查出。

表 10-4　　1~12 阶随机变量一致性指标表

阶数	1	2	3	4	5	6	7	8	9	10	11	12
RI	0	0	0.52	0.89	1.12	1.26	1.36	1.41	1.46	1.49	1.52	1.54

即 RI = 1.41

进而，$CR = \frac{CI}{RI} = \frac{0.09037}{1.41} = 0.06409 < 0.1$

由此可以判定成对比较矩阵 A 具有满意的一致性，这就意味着，成对比较矩阵的设定具有较好的合理性，进而说明，各债务风险的预警指标（K_1，K_2，K_3，K_4，K_5，K_6，K_7，K_8）的权重可以设定为：（0.04863，0.08299，0.16845，0.08299，0.22981，0.14165，0.14165，0.10383），可以运用到风险灰色评估预警法中，完成对 A 县财政整体债务风险程度的判定。

（4）权重标识、灰类设定及临界值调整

我们结合表10－2中的设定的数据以及利用层次分析法（AHP）运算的结果，把各指标权重融入表 1，得到对 A 县财政债务风险进行评价与预警的综合指标体系，见表 10－5。

表 10－5　A 县财政债务风险进行评价与预警的综合指标体系　单位：%

指标名称	代号	权重	安全区	中警区	重警区
			存在区间	存在区间	存在区间
税收收入占比	K_1	0.04863	$80 \le K_1^1 < 100$	$80 \le K_1^2 < 70$	$70 \le K_1^3 < 2$
资产负债率	K_2	0.08299	$2 \le K_2^1 < 10$	$10 \le K_2^2 < 70$	$70 \le K_2^3 < 100$
债务率	K_3	0.16845	$2 \le K_3^1 < 100$	$100 \le K_3^2 < 200$	$200 \le K_3^3 < 300$
债务负担率	K_4	0.08299	$1 \le K_4^1 < 30$	$30 \le K_4^2 < 60$	$60 \le K_4^3 < 80$
债务依存度	K_5	0.22981	$2 \le K_5^1 < 10$	$10 \le K_5^2 < 20$	$20 \le K_5^3 < 50$
或有负债占比	K_6	0.14165	$2 \le K_6^1 < 20$	$20 \le K_6^2 < 40$	$40 \le K_6^3 < 80$
担保债务占比	K_7	0.14165	$2 \le K_7^1 < 70$	$70 \le K_7^2 < 150$	$150 \le K_7^3 < 250$
逾期债务率	K_8	0.10383	$1 \le K_8^1 < 10$	$10 \le K_8^2 < 25$	$25 \le K_8^3 < 50$

为了能较好地利用风险灰色评估与预警法对债务风险程度进行判定，我们把各预警指标所对应的"安全区"、"预警区"与"重警区"划分为三个灰类（m＝1，2，3），安全类为"1"，中警类为"2"，重警类为"3"，并以 K_j^k 表示第 j 个指

标的 m 类；另外，为了适合风险灰色评估与预警法，相对于表 10－2，表 10－5 调整了各预警区间一些临界值，调整遵循客观实际情况的原则。

（5）白化权函数的构建与计算

白化权函数是指在直角坐标中的一条三折线或 S 型曲线，它可以定量地描述某一评估对象隶属于某个灰类的程度，又称权函数。对于预警指标 j 的一个观测值 k，可由以下公式计算出其属于灰类的 m（k＝1，2，3）的隶属度 $f_j^m(k)$，即关于灰类的 m（k＝1，2，3）白化权函数值 $f_j^m(k)$：

$$f_j^m(k) = \begin{cases} 0 & k \notin [a_j^{m-1}, a_j^{m-2}] \\ \dfrac{k - a_j^{m-1}}{\lambda_j^m - a_j^{m-1}} & k \in [a_j^{m-1}, \lambda_j^m] \\ \dfrac{a_j^{m+2} - k}{a_j^{m+2} - \lambda_j^m} & k \in [\lambda_j^m, a_j^{m+2}] \end{cases}$$

上面的关于灰类的 m（m＝1，2，3）白化函数 $f_j^m(k)$ 建立后，我们就可以根据 A 县各预警指标的 2012 年的现实数据情况进行运算，就可以 A 县债务风险分指标或综合情况，判定其所处的预警区间。

以债务率（K_3）这一预警指标为例，可以设定其白化权函数 $f_j^m(k)$ 中的取数域为（$a_3^0 = 0$，$a_3^1 = 2$，$a_3^2 = 100$，$a_3^3 = 200$，$a_3^4 = 300$，$a_3^5 = 400$），其中 a_3^0、a_3^5 是对取数域延拓而得，而 a_3^1、a_3^2、a_3^3、a_3^4 分别取为安全区、中警区与重警区三个灰类的临界值。令 λ_3^m 取为 a_3^m 与 a_3^{m+1} 的均值，其白化值为 1，即：

$$\lambda_3^1 = (a_3^1 + a_3^2) \cdot 1/2 = (2 + 100) \cdot 1/2 = 51$$

$$\lambda_3^2 = (a_3^2 + a_3^3) \cdot 1/2 = (100 + 200) \cdot 1/2 = 150$$

$$\lambda_3^3 = (a_3^3 + a_3^4) \cdot 1/2 = (200 + 300) \cdot 1/2 = 250$$

将上述相关数据（A 县的指标实际值见表 10－2）带入白化权函数 $f_j^m(k)$，可以得到 j＝3 时，即指标 k_3——债务率对安全类、轻警类与重警类的白化权函数值，结果如下所示：

$$f_3^1(k)=\begin{cases}0 & k\notin[0,200]\\ \dfrac{k-0}{51-0} & k\in[0,51]\\ \dfrac{200-k}{200-51} & k\in[51,200]\end{cases}$$

得到 $f_3^1(154.86)=0.303$

$$f_3^2(k)=\begin{cases}0 & k\notin[2,300]\\ \dfrac{k-2}{150-2} & k\in[2,150]\\ \dfrac{300-k}{300-150} & k\in[150,300]\end{cases}$$

得到 $f_3^2(154.86)=0.968$

$$f_3^3(k)=\begin{cases}0 & k\notin[100,400]\\ \dfrac{k-100}{250-100} & k\in[100,250]\\ \dfrac{400-k}{400-250} & k\in[250,400]\end{cases}$$

得到 $f_3^3(154.86)=0.366$

由于 $\max\limits_{1\leqslant m\leqslant 3} f_3^m(154.86)=0.968=f_3^2(154.86)$，所以，指标 K_3——A 县的债务率这一分指标处于轻警区域内。

依照上述的计算步骤，依次可以获得 A 县其他 7 项指标所处的预警区间，见表 10－6。

表 10－6　A 县财政债务风险预警指标所处的预警区间

指标名称	代号	权重	f_j^1	f_j^2	f_j^3	所处区间
税收收入占比	K_1	0.04863	0.922	0.338	0	安全
资产负债率	K_2	0.08299	0.287	0.807	0.555	中警
债务率	K_3	0.16845	0.303	0.968	0.366	中警
债务负担率	K_4	0.08299	0.161	0.040	0	安全
债务依存度	K_5	0.22981	0.467	0.889	0.138	中警

续表

指标名称	代号	权重	f_j^1	f_j^2	f_j^3	所处区间
或有负债占比	K_6	0.14165	0	0.7274	0.5908	中警
担保债务占比	K_7	0.14165	0.996	0.319	0	安全
逾期债务率	K_8	0.10383	0.648	0.122	0	安全

如表 10-3 所示，在 A 县财政债务风险预警指标所处的预警区间判定中，税收收入占比、债务负担率、担保债务占比及逾期债务率 4 项预警指标处于安全区域内；而资产负债率、债务率、债务依存度以及或有负债占比这 4 个指标处于中警状态。

（6）综合判定债务风险程度

综合判定 A 县 2012 年财政债务风险处于何种预警区间，由灰类 m（m=1、2、3）综合系数 θ_γ^m 来完成：

$\theta_\gamma^m = \sum_{j=1}^{8} f_j^3(k_j)\eta_j$，其中：m 代表灰类（本书为 m=1、2、3）；j=1…n 代表预警分指标的个数，本书为 n=8；$f_j^m(k_j)$ 为相关分指标的白化权函数值；η_j 为第 j 个风险预警指标的权重。根据上述计算原理与逻辑，我们利用 EXCEL 电子表格具体计算，如表 10-7。

表 10-7　　A 县债务风险综合判断的 EXCEL 电子运算表

指标名称	代号	权重	f_j^1	$f_j^1(k_j)\eta_j$	f_j^2	$f_j^2(k_j)\eta_j$	f_j^3	$f_j^3(k_j)\eta_j$
税收收入占比	K_1	0.04863	0.922	0.04484	0.338	0.01644	0	0
资产负债率	K_2	0.08299	0.287	0.02382	0.807	0.06697	0.555	0.04606
债务率	K_3	0.16845	0.303	0.05104	0.968	0.16306	0.366	0.06166
债务负担率	K_4	0.08299	0.161	0.01336	0.040	0.00332	0	0
债务依存度	K_5	0.22981	0.467	0.10732	0.889	0.20430	0.138	0.03172
或有负债占比	K_6	0.14165	0	0	0.7274	0.10304	0.5908	0.08369

续表

指标名称	代号	权重	f_j^1	$f_j^1(k_j)\eta_j$	f_j^2	$f_j^2(k_j)\eta_j$	f_j^3	$f_j^3(k_j)\eta_j$
担保债务占比	K_7	0.14165	0.996	0.14108	0.319	0.04519	0	0
逾期债务率	K_8	0.10383	0.648	0.06728	0.122	0.01267	0	0
θ_γ^m				0.44874		0.61499		0.22313

表 10－7 的计算结果显示出：

$$\sum_{j=1}^{8} f_j^{\,1}(k_j)\eta_j = 0.44874$$

$$\sum_{j=1}^{8} f_j^{\,2}(k_j)\eta_j = 0.61499$$

$$\sum_{j=1}^{8} f_j^{\,3}(k_j)\eta_j = 0.22313$$

得出 $\sum_{j=1}^{8} f_j^{\,2}(k_j)\eta_j > \sum_{j=1}^{8} f_j^{\,1}(k_j)\eta_j > \sum_{j=1}^{8} f_j^{\,3}(k_j)\eta_j$，由此可以判定 A 县财政综合债务风险处于中警区间。

第11章 地方财政内控制度要素：信息与沟通

信息沟通是财政部门确认、获取、处理和保存各种与部门内外部活动有关的信息，以及将信息在财政部门内部各个层面和人员中传递的过程。应在财政部门内部建立有效的信息交流和反馈机制，实现信息在财政部门内部的真实有效。信息与沟通主要内容包括：

①信息。为了有效地获取、处理和输出部门活动相关的信息，必须在财政部门内部建立一个完整的信息处理系统，信息系统必须服从和服务于财政部门的运行活动，信息主要来源于实践活动，同时对财政部门的运行起支持作用。这些信息除了内涵于财政部门内部，还来源于财政部门外部，信息系统的作用在于有选择地收集、筛选、处理、分析和输出这些信息。

②沟通。指财政部门的管理信息系统输出有效的相关信息给管理人员，使管理人员知悉与其职责有关的业务活动，确保总体目标的实现。沟通的方式还有管理手册、资源报告手册、资料传递、管理示范等。内部沟通必须要做到：管理人员除了应得到其负责管理活动的有关资料外，还应得到高层的管理信

息，必须清楚与其他管理人员之间的合作责任联系、相互间的信息沟通渠道及方法等。外部沟通必须要做到：哪些实践信息可以予以公布、与其他相关部门之间的沟通渠道及方法、有关外部信息的交流与获取等。

地方财政部门需要以某种形式在一定时限内识别和获取广泛的信息，这些信息主要来源于财政部门制定目标、风险识别、风险评估等过程。财政部门不仅应该获得信息，还应该保证信息的有效传递，即保证信息在财政部门内部和外部有序地流动，保证信息能够自上而下、自下而上地贯穿于整个财政部门。信息的获取及沟通是财政部门相关人员有效履行内部控制的保证。财政部门信息与沟通的控制包括信息控制、沟通控制和反舞弊控制。

11.1 信息控制模块的业务节点

11.1.1　信息控制的关注要点

(1) 及时准确获取内外部信息

为了随时掌握财政部门面临的经济环境、财政政策变化，财政部门应该完善获取外部相关信息的机制。为了保证财政管理目标的实现，财政部门应该建立重要内部信息的获取和沟通机制，重要信息应得到及时确认并向决策层汇报。

(2) 保证各级人员得到足够的信息

为了保证决策的有效性，各级人员应能够及时得到他们履行职责所需要的内外信息。不同级别的管理人员应当获得详细程度不同的信息。为了有效监控有关事件和活动，并对经济、政策因素和控制问题进行迅速反应，应及时获取和传递信息。

（3）财政部门对信息管理进行总体规划

财政部门应当订立长期信息技术总体规划，有专门的机构对所产生的信息需求持续进行识别和跟踪。

（4）财政部门领导层应当对信息系统的建设提供必要支持

领导层应为建立或改进信息系统提供足够的、必要的资源，并采取相应的控制措施。

11.1.2 信息控制的具体程序

（1）收集与传递内部信息

这些内部信息主要包括：

第一，财政部门的文化、道德和行为期望。通过广泛深入学习财政部门统一的部门文化、部门职责和部门理念，引导成员执行。

第二，财政部门的实质目标，并在实践中遵循实质目标的实现。

第三，财务政策及程序。财政部门应该制定和完善统一的预算、资金、资产、会计和财务等方面的管理制度和工作规范，并严格执行。

第四，人力资源政策。财政部门应该制定工作和岗位职责描述，对各岗位职责进行规范，使管理人员理解自己的责任和工作程序。

第五，财务信息。财政部门应该按时编制本部门的财务报表并在规定的时间内报送财务报表。财务部门同期进行财务分析，对主要指标进行对比分析，报财政部门的领导层。

第六，规章制度信息。财政部门制定规章制度时应当对下列事项进行全面论证：制度制定的依据和规范的对象；该制度解决的主要问题；该项制度的安排与其他相关制度的衔接；制度颁发实施的条件与时机；执行中需要注意的问题。

第七，综合信息。财政部门的审计部门应当收集违规、舞弊的信息，对于重大、紧急情况要严格执行重大情况报送制度，及时报送相关部门。财政部门的行政办公室负责财政部门重要综合管理信息的收集编发，开展专题调研，及时掌握下级单位和其他部门工作动态，为领导层决策提供信息参考。

第八，成员提供的信息。财政部门应当设立举报电话、网上举报中心和电子举报信箱并对外公布，审计部门有专人跟进。财政部门应当开展合理化建议活动，听取成员的合理化建议和意见，对被采纳的建议实施奖惩。

第九，信息系统产生的信息。财政部门信息系统应当提供相关信息，财政职能部门、下级单位根据各自权限共享这些信息。

（2）收集与传递外部信息，这些外部信息主要包括

第一，法律法规信息。财政职能部门、下级单位应当在各自业务范围内收集相关法律法规等信息，主要来源国家部委文件、期刊、因特网、专业法律顾问等媒介，并通过财政部门内部网络发布。

第二，政策信息和监管部门信息。财政职能部门、下级单位应当收集国家相关政策、国内外监管部门的各种信息，通过文件形式或在财政部门内部网络发布。

第三，从服务对象、同行单位等获得的信息。财政部门应当通过履行职能、专门调研等方式，收集需求信息，经分析整理后及时传递至相关部门。财政部门应当通过各种渠道从同行单位获得相关信息，以工作例会等方式进行发布。

（3）编制信息报告

第一，例行报告。各级人员按照财政部门分级管理的组织结构岗位职责定期向上级反映其管辖部门或其所在岗位的工作情况。职能部门向上级请示、报告工作，要先向相应的分管领导请示、报告，再根据请示报告类别，按照行政级别或业务级别管理体制向对口的上级请示、报告。正常情况下不得越级请

示、报告工作。

第二，实时报告。除例行报告外，财政部门应该按照有关规定，形成重大信息传递的机制。

第三，专题报告。财政各部门根据业务需要，就某一专题及时向上级领导汇报情况。

第四，综合报告。财政各部门定期向上级领导全面汇报本部门的工作情况，主要包括工作总结、计划安排等。

（4）对信息技术进行总体规划

财政部门信息工作主管领导应当根据财政部门整体发展规划，组织确定财政部门信息技术发展总体目标，对于重大信息技术项目，可以委托专家小组进行项目技术论证。

11.2 沟通控制模块的业务节点

11.2.1 沟通控制的关注要点

①让财政部门管理人员了解其职责及职责的有效性。采取适当的沟通方式，保证沟通目的的实现。财政部门的管理人员应清楚他们的行为要达到的目标，以及他们的工作对于实现这些目标的作用。成员应清楚个人职责与他人职责的相互影响。

②财政部门内部保证充分沟通。主要包括财政部门沟通信息的完整性和及时性，内部沟通的充分性等。

③畅通的沟通渠道。财政部门应建立畅通的沟通渠道，保证相关方的建议、投诉和收到的其他情况得到有效的记录、汇报、处理、反馈和跟踪。

④公开透明的职业道德规范。财政部门在履行职能和对外服务时，应当让服务对象清楚财政部门管理人员应遵循的职业道德规范。财政部门应当强调成员在履行职能和对外服务时应遵循的职业道德规范。对于成员的不当行为应有相应的惩处机制。

⑤领导层对于外部信息应采取及时有效适当的措施。财政部门应积极主动进行满意度调查，并采取适当的措施。对于投诉信息，领导层应认真对待。

11.2.2　沟通控制的具体程序

(1) 内部沟通

第一，明确的职责和有效的控制。财政各部门应当定期组织对本部门成员进行相关岗位培训，使成员清楚其行为要达到的目的及自己的职责与他人的职责如何相互影响。人事部门根据财政部门制定的各种绩效考核办法对各级人员进行绩效考核，并及时将考核结果反馈给被考核人，有效检查各级人员对其职责的理解和有效性控制。

第二，内部沟通与交流。财政部门领导层应当定期向上级部门就最新的业绩、发展、风险、重要事件或事故等问题进行汇报。财政部门领导层应当定期或不定期召开各种会议，及时与相关职能部门领导、下级单位负责人进行沟通、交流。财务部门定期向各部门交流和通报财务状况、运行结果、预算执行情况等。管理人员除了正常向其直属上级汇报工作这一沟通渠道外，还可以通过各种方式与本单位主要领导进行直接沟通。财政部门各职能部门负责人的联系方式公布在通信录上，成员可以通过电话、邮件、面谈等方式与其直接进行沟通、交流。财政部门管理人员可以通过书信、电话、电子邮件等形式，向审计部门反映违规违纪问题及有关意见、建议和要求。财政部门应当开展合理化建议活动，鼓励成员对财政部门提出合理化建议，并对突出贡献的单位和个人，给予适当的奖励。

（2）外部沟通

第一，对外职业道德的宣传。财政部门应当积极推行和参与社会公益事业，以实际行动宣传财政部门精神和理念，并利用各种形式进行财政部门形象的宣传。财政部门应当通过财政部门的内刊、网络平台深入报道各单位涌现出来的先进人物和先进管理经验，对财政部门的干部、成员爱岗敬业、创新的精神进行宣传报道。

第二，与服务对象沟通。财政部门应当建立定期与服务对象沟通制度，听取服务对象的意见和建议，收集服务对象需求和服务对象对财政部门的意见，并制定相应政策，解决工作中存在的问题。财政部门应当设立专职人员处理在服务活动中的纠纷。

第三，与监管部门的沟通。财政部门应当根据监管规定依法上报财政部门的有关信息，让监管者对财政部门运行状况有更深入的了解。财政部门应当及时同监管部门联系，组织、准备并及时递交监管部门所要求的文件，接受监管部门下达的有关任务并组织完成这些任务。

11.3 反舞弊控制的业务节点

11.3.1 反舞弊控制的关注要点

①财政部门领导层设计、实施有效的财政部门反舞弊控制程序，针对内部控制失效行为和其他欺诈行为，采取适当的措施。

②财政部门的纪检部门监督财政部门反舞弊的控制与

程序。

③建立并推行诚信与道德价值观。

④建立举报热线和检举揭发机制及举报人保护制度。

⑤招聘和晋升时进行背景调查。

⑥建立舞弊调查程序并实施恰当的补救措施。

⑦建立舞弊风险分析。

⑧设计并实施有效的控制活动，减少已识别的舞弊风险。

⑨收集和分享反舞弊相关信息，并对成员进行适当培训。

⑩领导层对反舞弊控制的效果进行持续监督和定期评估。

11.3.2　反舞弊控制的具体程序

（1）财政部门的审计部门应当将反舞弊纳入工作内容

财政部门应当由审计部门开展反舞弊调查与审计。财政部门应当设立举报机制，由审计部门负责受理在各个方面的违规和舞弊行为的举报，并进行相应的调查。财政部门应当根据不同情况作出处理：属于一般性问题的，由审计部门进行反舞弊审计；属重大问题或涉及财政部门高层领导的，由上级审计部门进行反舞弊审计与调查，根据审计调查结果依据财政部门相关制度处理；对缺乏具体线索和内容的，分析潜在的违纪或舞弊风险，并由审计部门在反舞弊审计中加以关注。反舞弊审计与调查结束后，对已构成违纪但情节轻微且未给财政部门造成损失的，由审计部门对违纪单位和人员进行批评教育或给予通报批评；需要进行处理的，移交人事部门进行处理；对已构成违规违纪且情节较重或给财政部门造成重大损失的，根据财政部门的制度规定处理有关单位和人员；对触犯法律构成犯罪的，移交有关法律部门采取法律行动。

（2）财政部门应当建立反舞弊情况通报制度

财政部门应当定期召开反舞弊情况通报会，由审计部门通报反舞弊工作情况。分析当前反舞弊形势，评估舞弊风险的可能性和重要性，以及舞弊可能发生的领域；评价现有的反舞弊控制措施及程序。

（3）财政部门应当建立反舞弊数据库，并进行舞弊风险分析

财政部门应当根据审计部门历年来查处举报案件情况和经济责任审计情况，组织建立反舞弊数据库，并根据每年举报案件的发生情况，定期分析舞弊风险，有针对性地提出解决问题的措施，提出下一步舞弊工作的重点。反舞弊数据库包括舞弊类型、舞弊情况、情形描述、易发生领域、发生的可能性、重要性碎片等。财政部门应当根据舞弊风险分析结果，不断建立和完善内部控制制度，并研究处理举报和反舞弊调查等工作过程中的文档记录。

（4）财政部门应当建立举报人保护制度

财政部门应当建立举报人投诉制度和举报人保护制度，设置举报专线，明确举报投诉处理程序、办理时限和办结要求，确保举报、投诉成为财政部门有效掌握信息的重要途径。举报投诉制度和举报人保护制度应当及时传达至全体成员。

（5）其他方面

财政部门应当建立并推行分别针对高层领导和全体成员的诚信与道德价值观规范，并对遵守情况进行监督。财政部门应当组织与反舞弊工作相关的培训，安排举报管理、案件检查、内部控制、反舞弊等方面的内容。

第12章

地方财政内控制度要素：内部监督

地方财政内控模块中的内部监督是指对地方财政内控体系的执行过程与结果独立进行评估、测试与分析的过程。一般而言，内部监督包括对内控系统的运行过程监督与运行结果监督两个方面。过程监督侧重对内控体系执行性的评价，结果监督侧重于对内控体系执行结果的评价。内部监督的主要目标是促进地方财政部门管理人员强化内部控制意识，严格贯彻落实各项内控流程与方案，确保地方财政内部控制体系得到高效运行。地方财政内控制度模块中内部监督的着力点在于：内控制度执行过程是否对财政风险已充分识别，内控方案是否得以严格执行以及内控方案是否适宜与有效。内部监督要遵守：统一性原则——监督应保持目标与准则的一致，以确保评价过程的准确以及评价结果的客观；独立性原则——地方财政内部监督主要由财政部门中的内审部门独立进行；选择性原则——监督应根据地方财政业务模块、流程与业务节点的重要性有选择地进行。

12.1 内部监督的方式及路径

在实践中，内部监督的方式主要由持续监督与自我评价组成，具体内容包括：

12.1.1 持续监督

持续监督关键控制领域包括日常监督、审计监督等方面。日常监督是指地方财政各部门在日常业务和管理中对内部控制的运行情况进行监督；审计监督是指内部审计部门定期或不定期地对内部控制进行测试，对内部控制体系设计的健全性、运行的有效性和恰当性进行评价，并提出评价报告。持续监督的内控措施包括：

（1）收集内控执行的证据

获得内控执行的证据是指地方财政管理人员在实施业务活动时，取得地方财政内控体系对识别、预警与规避财政风险发挥效能的佐证资料，主要途径包括：

第一，地方财政业务部门汇集业务执行时内控发挥作用的信息，分析内控制度作用的业务点及不足，进行自我监督、检查，使潜在问题得到反映，采取整改措施并记录；

第二，管理层汇总各部门的内控执行信息及存在的问题，从而实现对业务运行中的内控活动进行合理地、整体地监控。

（2）吸收外部信息的反馈

外部信息也是对地方财政部门内控制度执行效能最重要的内部监督途径。主要途径包括：

第一，地方财政部门要接受外部监管者的检查监督，并及时获取对内控制度的反馈信息，制定整改措施并检查各项内控措施的执行情况；

第二，地方财政部门利用网络等媒介建立信息交流平台，听取民众对地方财政管理过程中出现问题的反馈信息，作为内控执行过程存在的盲点，并及时纳入内部监督治理体系。

（3）管理层给予高度关注

地方财政内部审计部门每年组织调研和专项检查。调研主要针对地方财政管理人员廉洁状况、管理制度的落实状况、管理的效果、存在的问题，并向领导层提出管理建议；管理层重视管理人员提出的合理化建议，并不断完善管理人员的合理化建议机制，明确相应的责任部门、评审办法、奖励措施等内容。

12.1.2　自我评价

地方财政部门自我评价就是对地方财政内控制度执行有效性进行的评价行为。在实践中，可以运用各种方法获取评价信息：运用调查问卷及现场访谈的方法对控制环境、控制程序等方面的状况进行了解；查阅地方财政部门的政策和规章制度，以及业务程序、财务会计等文件，检查其是否存在控制痕迹，以判断内部控制措施是否得到有效执行；观察地方财政部门管理人员实际工作情况，以确定其制定的内部控制措施是否得到严格执行；采用穿行测试法来检验地方财政管理人员对财政业务实际处理的整个过程，以验证内部控制的客观性和真实性；采取压力测试法来测试地方财政部门关键业务处理程序和控制措施能够承受的压力程度和在承受相应压力时所发挥的作用；采取分析性程序对地方财政内部控制体系中的重要情况和趋势的分析。

结合上述方法，自我评价的主要路径包括：

（1）内部审计部门组建评价团队

内部审计部门提出内部控制评价的业务部门和业务模块、

流程及关键控制点；制定评价路径及方案，根据管理权限分级评价有关部门内部控制的执行情况。

（2）对内控执行进行问卷调查

评价人员要求相关部门提供内控方面真实信息与完整资料，审阅部门内控文件及内控活动记录，并根据部门的实际情况编制内控执行情况问卷调查表，让每一业务节点的执行人员如实填写。

（3）对内控执行进行测试

根据部门的业务模块、流程及业务节点特点，对被评价部门的内部控制执行过程进行测试，具体分为两种形式：业务测试，按照规定的业务处理程序进行检查，确认有关控制点是否符合规定并得到认真执行，以判断内部控制的遵循情况；功能测试，即对某项控制的特定环节，选择若干时期的同类业务进行检查，确认该环节的控制措施是否一贯或持续发挥作用。另外，检查内部控制管理人员是否能熟练运用内控方案对相关风险进行规避，并将测试情况如实记录确认。

（4）对内控执行进行总体评价

以文件、测试记录为依据，对相关部门的内控执行情况进行综合评价，将信息及整改建议反馈给相关部门，并完成内部控制评价报告的撰写，作为以后完善内控制度的决策依据。

12.2 内控框架元素的内部监督要点

内部监督的有效性取决于对控制环境、风险识别、风险评估、控制活动以及信息与沟通五大模块内部监督要点的清晰标示。

（1）控制环境模块上的内部监督的要点

监督的要点具体包括：部门、岗位、人员的职责和权限是否有清晰界定；业务执行过程中必要的职责是否分离，是否存在横向与纵向相互监督制约关系；关键岗位人员定期或不定期的是否存在合理的轮换机制；是否拥有科学的授权体系；是否有严格的人事制度和程序，以及培养体系；是否有对管理人员道德、风险意识、职业能力培养等方面作出科学引导的财政文化。

（2）风险识别模块上的内部监督的要点

监督的要点具体包括：地方财政管理人员是否清晰了解本部门业务模块、业务流程及具体业务节点；地方财政部门是否有比较完整的风险识别框架；部门管理人员是否有能力对具体业务节点上的风险进行标示；财政部门是否拥有完整的业务模块及节点上风险的标示图。

（3）风险评估模块上的内控监督的要点

监督的要点具体包括：财政部门是否能依据本部门的业务模块及节点特点主动进行风险评估；财政部门是否有比较完整的风险评估框架；财政部门是否拥有能胜任的风险评估团队，以及可靠的风险量化评估的方法和模型；财政部门是否能清晰地描述风险评估结论，以及划分各业务节点上的风险级别。

（4）风险活动模块上内部监督的要点

监督的要点具体包括：是否对风险控制活动的相关层次划定职责与权限；不同的业务模块上是否具有严密的控制方案；内控活动运用的资源、方法、需求和时限是否完整准确；内控方案是否能顺应内控环境的变化而变化；在控制活动中是否设有风险应急机制。

（5）信息与沟通模块上的内部监督的要点

监督的要点具体包括：财政部门的管理层是否能及时了解内外部的业务信息、管理信息以及其他重要风险信息；财政部门的管理人员是否及时吸收部门内外部业务信息，并具有解读、执行与正确传递的能力；地方财政风险发生时相关信息能否得到及时报告和有效沟通；是否具有对相关信息发布与披露的控制能力。

12.3 内部控制执行程度的评级

地方财政内部控制执行评级具体可分为内部监督阶段和内控执行评级阶段。上述的内部监督阶段是对地方财政内控各元素框架执行过程的审查，在这基础上就要进入内控执行评级阶段。

（1）设定地方财政框架元素所占评价体系的标准分值

譬如按照地方财政内控制度框架元素的特质，可以把内控环境的标准分值设定为20分，风险识别的标准分值设定为20分，风险评估标准分值设定为20分，控制活动的标准分值设定为30，信息与沟通的标准分值设定为10分，满分为100分。

（2）设定内部监督过程中的具体评分标准

根据各内控框架元素的内部监督要点，合理分配框架元素的标准分值，这取决于实践中地方财政业务部门的业务模块、流程及业务节点的范围大小。

（3）设定内部控制执行度的等级

内部控制执行度的等级可以设定为4级：综合得分≥85分的为优秀级；85分>综合得分≥75分的为有效级；75分>综合得分≥60分的为修正级；60分>综合得分的为紧急修正级。

内部控制执行程度评级后，一定要对等级较低的部门督促修正，对内部控制体系中存在的问题限期整改，甚至对内部控制体系存在严重缺失的业务进行整顿或暂停办理该项业务，内部控制执行连续两个评价期内得不到修正的，要给予严重警告，并加重追究因财政风险的发生而产生损失的财政部门相关人员的责任。

第13章

地方财政内控制度要素：成熟度测评与改进

在实践中，为了能够准确地评价各级地方财政部门内控框架、运行过程及结果的质量，我国亟待建立完整的地方财政内控能力成熟度等级的测评体系，使各级地方财政部门内控实践能得以不断地修正。基于上述依据，本书将紧密结合内控理念、原理及框架，来构建地方财政内控能力成熟度的测评模型（Internal Control Maturity Model for Local Public Finance）（简称ICM—LF 模型）。

13.1 对 ICM—LF 模型的初步解释

地方财政内控能力成熟度是指各层级地方财政部门所运行的内控制度、内控活动及结果的明确且有效的程度，本质上是风险控制能力的综合，以成熟度等级标示。一个成熟度等级代表了内控制度对风险控制目标的满足程度，对其可以从三个主要方面进行考量：内控制度的完善程度、内控制度执行过程的高效性与执行结果的有效性。内控能力成熟度等级越高意味着内控制度的健全程度与执行效果愈好，反之亦然。以上研究思想将充分体现在 ICM—LF 模型的设计过程中。

我们拟采用分层的方式来安排成熟度测评模型的组成部分。这个分层结构的一个主要特征是：与判定成熟度等级有关的组成部分处于模型的顶层。它们是：成熟度等级、关键风险控制域与各个关键风险控制域所属目标。而这个模型中的细节组成部分包括：关键内控实践，从属内控实践以及相应的方针、规程都由被评价的财政部门对应的控制活动显示。

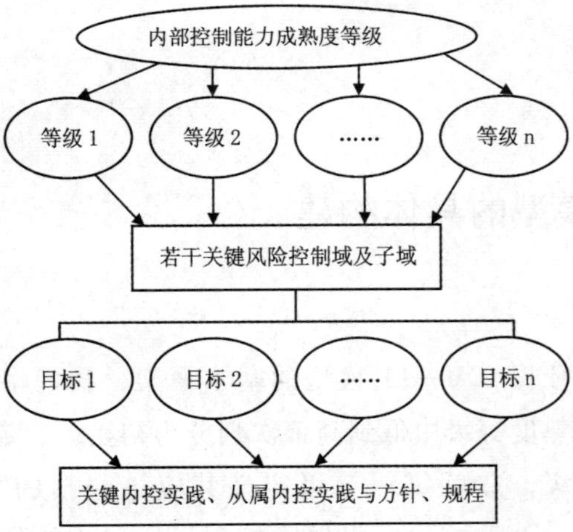

图 13－1　ICM—LF 模型的基本框架

在图 13－1 ICM—LF 模型的基本框架中，能力成熟度等级、若干关键风险控制域、所属目标、关键内控实践、从属内控实践与补充性说明构成了地方财政内控能力成熟度的测评元素，选择这些测评元素的主要标准有：第一，测评元素要与内控管理的特质具有高度的契合性；第二，能够科学地测评各层级财政部门内控实践的合理性与控制力；第三，通过测评元素能够识别出内控实践的关键缺陷并给出明确方案。

在实践中，ICM—LF 模型主要应用在两个方面：一方面，通过对内控能力成熟度测评元素的分层次设定，为地方财政部门提供评价内控实践能力的方法；再一方面，识别出对地方财政内控过程与质量有影响的一些关键问题，帮助财政部门确立精确的改进目标及路径。

ICM—LF 模型具有描述性与指示性双重属性，赋予这种双重属性的目的是有意地使它处于一个适当的抽象程度，从而避免不适当地促使或限制一个财政部门去改进它的制度模块，因此，ICM—LF 模型着重描述部门要满足的内控目标，指明要做什么，对如何做只给出框架性的建议，从而使财政部门可以选择其认为的最适当的方法去完成所要求做的事情。

13.2 对 ICM—LF 模型的具体构建

依据 ICM—LF 模型的基本框架，我们将地方财政内控能力成熟度等级由低到高依次划分为初始级、定义级、控制级与优化级，并就每一等级定义其应该包括的关键风险控制域（KRCA）——由一组风险控制目标构成的集合。一个成熟度等级的关键风险控制域（KRCA）所属目标可以分解为多个方面，这些目标代表着地方财政内控能力符合某一成熟度等级应达到的具体条件，或者是要达到该成熟度等级必须满足的基本标准。ICM—LF 模型假定：地方财政部门的关键控制实践、从属控制实践及补充性说明只有实现了某一成熟度等级关键风险控制域所设定的所有目标，才会认同其内控能力达到了这个成熟度等级，见图 13－2。

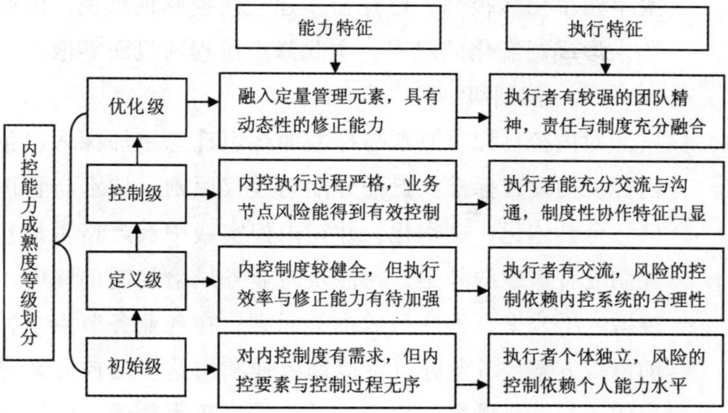

图 13－2　ICM—LF 模型中的等级划分及特征

13.2.1　地方财政内控能力成熟度等级特征的描述

对地方财政内控能力成熟度等级特征的描述可以从内控理念、内控环境、内控制度化程度、内控执行效率、内控修正能力五个方面来进行。

（1）初始级

地方财政部门对内控制度已经有了一定程度的需求，但还未能建立起科学的内控理念，内控环境不稳定，内控制度流于形式，在内控制度执行过程中还依靠传统的管理方式，对关键风险点的识别、预警与规避不能采取有效地的内控方案，执行效率较低，还谈不上内控修正能力。

（2）定义级

地方财政部门对内控制度有了较深程度的认识，对控制基本的目标、控制原则与标准已文档化，并按照这些目标、原则及标准构建了内控环境体系；认真梳理过各部门的业务模块及流程，对模块及流程上的风险点也有了清晰的标示，并据此建立了一套针对业务风险点的内控制度；但部门的各科室对内控制度执行效率不高，各业务科室还不能根据已有的内控规则对经济风险、技术风险与管理风险进行有效地规避与化解，风险发生频率仍然很高；已经初步建立内控修正意识，但修正机制还未形成制度化的规则，实践修正过程随机而零散。

（3）控制级

对内控目标、原则与标准的认识理念更加深入，包括部门内控机构设置标准、责任分配与授权原则、技术与管理手段等已完全具体化、文本化，并在内控实践中被严格贯彻执行；内控制度有适度的外延，在注重对业务风险控制的同时，内控制度融入了公平、效率与成本等元素；在各业务节点上，有明确的内控方案，各业务科室能高效地利用这些内控方案对可能发生的风险进行预警、规避，风险发生频率较低；内控修正机制已经建立，设计了内部控制有效性的评价标准及程序，并周期性地进行修正。

（4）优化级

这是地方财政内控能力成熟度的最高等级，达到优化等级的财政部门从内控制度的设计、过程的执行及效果的评价都融入了定量管理元素。在绘制财政部门业务流程与关键风险点复合图的基础上，能采用合理的评估方法来估测各业务节点发生风险的概率与风险发生后导致资源的损失程度；内控方案的选择是基于成本—效益测算下的结果，对内控方案的有效性也进行过严格的数理检验；财政部门对内控体系存在的问题具有“动态性”的修正能力，能综合分析各种数据信息，实现对内控系统增量式的改进、健全与革新。

13.2.2 关键风险控制域及目标的设计

除初始级外，每个内控能力成熟度等级都包含着若干个对该成熟度等级至关重要的关键风险控制域。关键风险控制域作为 ICM—LF 模型中相互关联的若干控制风险实践活动的集合，指出了达到某一成熟度等级必须解决的具体问题与关键领域，它是构建 ICM—LF 模型的基础。每个 KRCA 都明确地列出一个或多个的目标（Goal），这些目标说明了关键风险控制域的作用范围、界限与意图，其实现程度可以作为财政部门内控实践是否符合某一成熟度等级的判定依据（见图 13－3）。

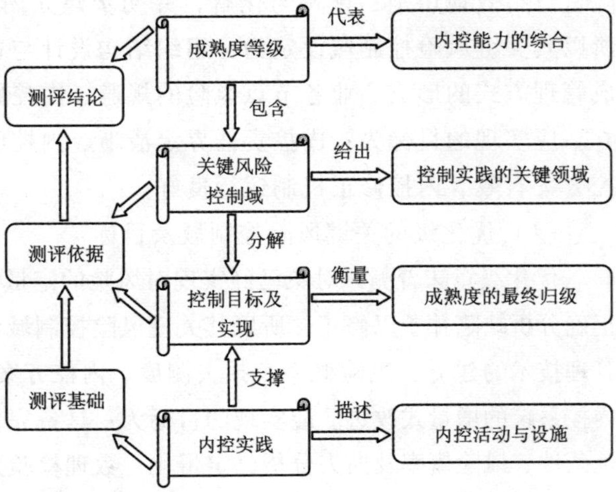

图 13－3　ICM—LF 模型中要素功能与逻辑关系

在关键风险控制域的设计过程中，默认高成熟度等级的控制域已经覆盖，而且达到低成熟度等级控制域及目标的要求，并有新的目标提出。依据这一思想，各成熟度等级的关键风险控制域及目标设定如下：

（1）初始级的关键风险控制域及目标

由于成熟度等级中的初始级是无序的，缺乏对风险控制的健全实践活动，所以对其关键风险控制域只设定为：内控制度需求。

（2）定义级的关键风险控制域及目标

定义级意味着测评对象已经建立起风险控制的目标、原则及标准以及内控制度体系，所以其关键风险控制域设定为：内控环境构建、人员与设施配备、业务模块及节点标示、关键风险点识别、内控方案制定。应实现的目标为：稳定的内控环境、内控要素文档化、业务节点描述清晰、风险点定位准确及有相应的内控方案。

（3）控制级的关键风险控制域及目标

控制级意味着测评对象能对经济风险、技术风险与管理风险进行有效地识别、预警与化解，并初步建立内控修正意识，所以其关键风险控制域设定为：组织结构设计与责任分工、集成管理方式的形成、业务节点风险的规避、内控修正机制的建立。应实现的目标为：内控责任界定清晰、内控已软件化、内控方案有效、内控修正机制运行良好。

（4）优化级的关键风险控制域及目标

优化级意味着测评对象已经实现对风险的定量管理模式，能正确分析缺陷并予以修正，所以其关键风险控制域设定为：定量管理技术的建立、风险概率及损失测度、内控方案的量化选择、内控系统的增量式改进。应实现的目标为：具备完备的定量技术及条件、风险概率及损失分析已定量化、数理检验是选择内控方案的基础方法、建立了预见性的内控修正机制（见表 13－1）。

表 13－1　关键风险控制域及目标

成熟度等级	关键风险控制域	对目标实现程度的框架性描述
初始级	内控制度需求	·部门对内控制度有一定需求，但未能实质构建或执行
定义级	内控环境构建 人员与设施配备 业务模块及节点标示 关键风险点识别 内控方案制定	·遵循制衡、协调等内控原则构建起稳定的内控环境 ·完成对业务人员的相关培训、内控元素已文档化 ·完整地梳理了业务模块、对业务节点的标示清晰充分 ·对业务模块及节点上的关键风险点进行了有效识别 ·根据业务经验与常识制定出了相应的内控方案
控制级	组织结构设计与责任分工 集成管理方式的形成 业务节点风险的规避 内控修正机制的建立	·严格按内控标准设置组织结构并科学界定其责任边界 ·内控过程已实现软件化控制，部门间交流与沟通充分 ·能有效实现对业务节点风险规避，内控方案有效合理 ·设计了内控制度有效性的检验标准，并周期性修正
优化级	定量管理技术的建立 风险概率及损失测度 内控方案的量化选择 内控系统的增量式改进	·具备对内控模块进行量化分析的人员、技术及经验条件 ·能运用相关数据对业务节点风险概率及损失进行评估 ·对内控方案选择是建立在成本—收益循环实验基础上的 ·能基于数据信息分析基础上的内控系统的健全与革新

表 13－1 中的关键风险控制域与目标的实现程度有赖于财政部门内控实践活动的质量，两者有着指向与支撑的逻辑关系。在现实中，尽管由于内控理念、组织结构、人员配备、业务流程与基础设施等存在差异，导致财政部门间内控实践活动的完整性、合理性及深入度存在较大差距，但基于内控理念、框架、路径及方法上的分析，财政部门具体内控实践活动范围具有大体上的一致性，一般包括内控意识、执行约定与能力、风险测量与验证、执行活动、内控修正等内容，具体可分解为内控理念的形成、内控环境的构建、人员的培训、业务节点及流程的梳理、关键风险点的定位、内控方案的设计、制度文档化等内控环节（见图 13－4）。

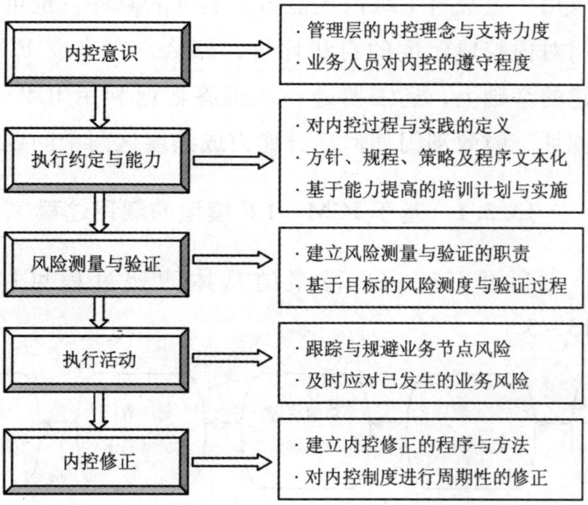

图 13－4　财政部门内控实践活动分解

在运用 ICM—LF 模型测评财政部门成熟度等级时，可以主要考察这些内控实践活动与关键风险控制域及目标的契合度，从而得出合理的测评结论。

13.3 基于ICM—LF模型的测评与成熟度改进

ICM—LF模型是一个系统性的框架，用来诊断地方财政部门内控过程与结果的合意性，通过准确、合理与有效识别相关信息，来确定财政部门内控的关键优点与缺陷，并为其达到更优化的成熟度等级给出指引。在实践中，ICM—LF模型可以用于上级对下级内控能力成熟度的测评，也可以用于财政部门对内控成熟度的自我评价，那么，在完成ICM—LF模型构建的基础上，还需要进一步解答如何利用ICM—LF模型进行测评、财政部门如何提升能力成熟度这两个问题。

13.3.1 基于ICM—LF模型的测评过程

利用ICM—LF模型的具体测评过程可以描绘成如图13－5。

图13－5 基于ICM—LF模型的测评过程

第一步，建立内控能力成熟度测评小组，成员必须熟知内控理念、框架及要素，对ICM—LF模型有充分的认知并有能力进行扩展及修正，因为测评过程遇到的情况较为复杂，ICM—LF模型并不能完全予以概括与点明。

第二步，对被测评部门的内控制度文本、内控活动记录及风险处理等数据资料进行描述性统计，并以ICM—LF模型的框架与要素为依据设计问卷，随后有目标地选择管理人员完成此问卷。

第三步，测评小组对所获得的信息进行分析，并以文档的形式记录分析结论，识别需要进一步探查的关键风险控制域及所属目标。

第四步，测评小组根据信息分析的结论，对管理者进行访谈，通过提问、倾听、比较来确认相关信息，进而判断关键风险控制域及所属目标的实现程度，当认为存在明确差异时，必须给出具体说明。

第五步，制作内控问题清单，并绘制出一个关键风险控制域剖面图，显示部门已满足或未满足的关键风险控制域及目标的领域。

第六步，根据测评过程和关键风险控制域剖面图，评定财政部门内控能力成熟度等级，并向财政部门的管理层提供最终测评结果。

13.3.2　内控能力成熟度等级的提升

当财政部门内控能力被认定为处于较低成熟度等级的情况下，就存在内控能力成熟度等级亟待提升的问题，而提升的执行者应该是财政部门本身。内控能力成熟度等级提升的线路包括：诊断与目标确立、路线与策略拟定、提升与行动、总结与再推进。具体结构见图 13－6。

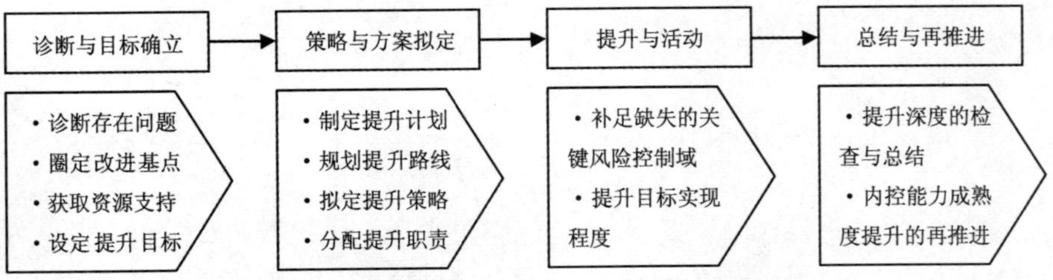

图 13－6　财政部门内控能力成熟度提升路径

尽管ICM—LF模型不能解决该领域的所有问题，但为地方财政部门内部控制能力成熟度的测评提供了基本思路与框架，具有非常强的实践价值。ICM—LF模型中蕴含有规则、纪律、批判、认同等价值判断元素，核心动力是对人的理念与团队精神的尊重。ICM—LF模型是动态的，它会经历由简单到复杂、由元素缺少到元素丰富的过程，这一切将得益于对该领域的不断深入研究。

结 束 语

地方财政内控制度蕴含有规则、纪律、批判、认同等价值判断元素，核心动力是对人的理念与团队精神的尊重。地方财政内控制度也是动态的，它会经历由简单到复杂、由元素缺少到元素丰富的过程，这一切将得益于对该领域的不断深入研究。总之，在探索我国地方财政内控制度的构建过程中，我们可以从以下几方面入手：

第一，加快推进地方财政领域内控制度规范与具体指引的制定及发布。为了加强和规范企业内部控制，提高企业经营管理水平和风险防范能力，财政部等五部委相继发布了《企业内部控制基本规范》及其配套指引，对于我国地方财政内部控制规范的制订，也应该循序进行。从内部控制规范的层次来说，本书认为地方财政内部控制体系也应由基本规范和配套指引等构成，由于地方财政的内部控制基本概念与企业本质上是一致的，财政部门的内部控制规范应该重在具体指引，可以在发布地方财政内部控制规范的基础上，及时地发布财政部门的内部控制具体指引。

第二，加强地方财政部门的内部审计与内控制度执行的融合度。在我国，内部审计受到各单位重视并越来越发挥着重要作用。由于审计与会计的天然联系，传统的内部审计重在财务会计领域内查错防弊。随着经济、社会实践的发展，人们期望内部审计不仅发挥监督功能，而且希望内部审计发挥服务功能。当然，可以预计，在相当长的一段时间里，内部审计的服务功能，仍将立足于财务会计这一基础平台。内部审计功能要实现新的转变，必须要融合内部控制，因为内部审计既是内部控制的一环，又是内部控制实施效果的最为理想和现实的监督者和评价者。从国外内控制度的实际运作情况看，内部审计在内部控制规范的实施中大都发挥穿针引线、承上启下的重要作用，可以为我国地方财政部门的内部审计提供借鉴。

第三，合理界定地方财政部门负责人对内控制度实施的法定责任。《企业内部控制基本规范》明确规定，企业的董事会负责内部控制的建立健全和有效实施。对于地方财政部门来说，同样应该建立起地方财政部门负责人在建立健全内部控制机制中的责任制度。第一，应该在有关文件中明确地方财政部门负责人在内部控制制度建设中的地位、作用和责任。第二，在有关行政管理规定中，将地方财政部门负责人建立并执行内部控制制度情况作为其述职报告的重要内容。第三，结合反腐倡廉，全面深入研究强化地方财政部门负责人内部控制责任的机制和制度问题。反腐倡廉工作的重点在于预防，内部控制实质上是预防和应对风险，包括腐败风险的制度安排，因此，关注并强调内部控制，尤其是地方财政部门负责人的内部控制责任和责任追究问题，应当进入反腐倡廉的视野。

第四，要严格各地方财政部门管理人员对部门内控制度的执行。在实践中，要理顺地方财政内控制度对财政管理的重要意义，使全体部门管理者与业务人员理解贯彻执行制度的意义，明确自身职责的地位与影响力；进行业务培训和模拟实验，使业务节点上的工作人员，深刻认识自己所在的业务模块、业务流程及面临的关键风险点，有能力采取防范风险发生的措施；内部控制必须约束部门所有人员，任何个人都不得拥有超越内部控制的权力；内部控制应涵盖财政内部各项业务、相关部门和相关岗位，并应针对业务处理过程中的关键控制点，落实到决策、执行、监督、反馈等各个环节；内部控制应当处理好成本与效益的关系，以合理的控制成本达到最佳的控制效果。

第五，逐步引入外部审计对地方财政内部控制实施情况的评价制度。财政部等五部委要求执行《企业内部控制基本规范》及配套指引的上市公司和非上市大中型企业应当聘请会计师事务所对财务报告内部控制的有效性进行审计并出具审计报告。对于地方财政部门来说，同样应该具有类似的制度安排。国内外的国家审计机关，在其执行政府审计过程中，十分关注被审计单位的内部控制问题。我国审计署专门制定了《审计机关内部控制测评准则》，要求审计人员了解、测试和评价被审计单位内部控制。但是，我国审计机关目前对内部控制的关注，更多的还是出于审计技术手段的考虑，希望以此降低审计风险、提高审计效率和质量。因此，对于地方财政部门，可以明确国家审计机关对其内部控制有效性进行监督评价的责任，将内部控制有效性纳入国家审计机关的常规监督领域。

参考文献

[1] 田志刚、郑斌："基于内部控制视角下的地方财政管理"，《财政研究》，2009年第1期。

[2] 田志刚："地方财政内部控制框架及构建研究"，《中南财经政法大学学报》，2009年第2期。

[3] 田志刚："地方财政内控能力成熟度的测评研究——基于ICM—LF模型"，《中南财经政法大学学报》，2011年第6期。

[4] 田志刚："我国财政制度研究的思想脉络、演进及选择：1994—2010"《当代经济研究》，2011年第12期。

[5] 田志刚："地方财政内控制度：风险识别框架、路径与方法"，《中国财经信息资料》，2013年第22期。

[6] 田志刚、鲁敬东："地方财政内控制度：风险评估框架、路径与方法"，《经济研究参考》，2013年第5期。

[7] 田志刚："政府间财政支出责任划分的制度环境研究"，《中州学刊》，2010年第3期。

[8] 楚琢玉：《区县财政内部控制操作手册——南京市六合区财政局内控制制度实例》，中国

财政经济出版社2010年版。

[9] 王海林:“内部控制能力评价的IC—CMM模型的研究”,《会计研究》,2009年第10期。

[10] 韩传模、汪士果:“基于AHP的企业内部控制模糊综合评价”,《会计研究》,2009年第4期。

[11] 3C框架课题组:《全面风险管理理论与实务》,中国时代经济出版社2008年版。

[12] 华小宁、梁文昭、陈昊:《整合进行时——企业全面风险管理路线图》,复旦大学出版社2007年版。

[13] (美) COSO:《企业风险管理——整合框架》,东北财经大学出版社2005年版。

[14] (美) COSO:《内部控制——整合框架》,东北财经大学出版社2008年版。

[15] (美) 厄尔·R. 威尔逊、苏珊·C. 卡特鲁斯、里昂·E. 海:《政府与非营利组织会计》,中国人民大学出版社2005年版。

[16] 王宏、刘玉亭:《基于国际视野与科学发展的我国内部控制框架体系研究》,东北财经大学出版社2008年版。

[17] 常丽、何东平:《政府与非营利组织会计》,东北财经大学出版社2009年版。

[18] 张康之:《公共管理学》,中国人民大学出版社2010年版。

[19] 张成福、党秀云:《公共管理学》,中国人民大学出版社2007年版。

[20] (澳) 休斯著、张成福等译:《公共管理

导论》，中国人民大学出版社 2007 年版。

[21] 侯江红：《公共组织财务管理》，高等教育出版社 2006 年版。

[22] 刘英来等译：《美国政府审计准则》，中国财政经济出版社 2004 年版。

[23] 潘琰、郑仙萍："关于内部控制基本假设的探讨"，《会计研究》，2008 年第 2 期。

[24] 潘琰：《内部控制》，高等教育出版社 2008 年版。

[25] 张砚、杨雄胜：《内部控制理论研究的回顾与展望"，《审计研究》，2007 年第 1 期。

[26] 王卫星：《内部控制——基于高等院校的研究》，北京大学出版社 2008 年版。

[27] 郭玉清："逾期债务、风险状况与中国财政安全——兼论中国财政风险预警与控制理论框架的构建"，《经济研究》，2011 年第 8 期。

后记

学术研究分为两个层次：一个层次是对前沿理论进行学术研究，研究成果可以作为理论文献，供进一步研究或教学所用，体现它珍贵的学术价值；另一个层次是为解决实践部门问题进行的学术研究，研究成果可以作为决策依据，被实践部门所采用，体现它良好的实践价值。以地方财政内控制度作为自己的学术方向，是基于后者的考虑。本书的写作是建立在前期调研、课题研究及论文写作基础上的，更重要的是源于对内控制度理念的一种理解，以及它在地方财政部门未来的实践价值。

在实践中，企业内控制度在国内得以普遍构建与执行，而 2012 年 11 月 29 日财政部制定并发布《行政事业单位内部控制规范（试行）》（财会［2012］21 号），标志着内部控制制度的构建向非企业延伸，使地方财政部门内控制度的建立健全成为必然。这一领域的研究与运用应该分为三个阶段：第一阶段是对地方财政内控制度定性化的论证，包括对地方财政内控制度的目标、原则、框架元素、修正机制等方面的阐释，这会为地方财政内控制度奠定基础理论；第二阶段是对地方财政内控制度量化功能进行设计，包括对地方财政内控制度风险识别、风险评估以及内控活动等框架元素进行定量管理技术的建立，使地方财政部门能基于数据信息分析基础上的量化内控管理，这一阶段需要设计很多量化模型进行理论支撑；第三阶段是把研究成果在实践中运用来修正完善，地方财政内控制度属于实践性较强的制度，只有通过财政部门在业务流程中实际运转才能给予修正与完善。经过上述三个阶段，地方财政内控制度才能广泛得以运用，凸显它的理论与实践价值。

本书内容是第一阶段研究内容的一小部分，初步尝试对地方财政内控制度的一些基本概念给予相关界定，盼望能早日进入研究的第二阶段。正如书中所写的那样：地方财政内控制度是动态的，它会经历由简单到复杂、由元素缺少到元素丰富的过程，这一切将得益于对该领域的不断深入研究，自己也愿意专心致志地从事这项研究工作。

最后，还是想发自内心地表示感谢，感谢给予本书写作支持的家人、老师、专家、实践部门的管理者，感谢中国财政经济出版社领导及工作人员，本书得以顺利出版，是很多人帮助的结果，对一切都表示由衷的谢意。

田志刚

2013年11月12日